COMUNICAZIONE ASSERTIVA

I segreti per comunicare in modo efficace,
sviluppare abilità persuasive
e dominare ogni conversazione

Scritto da

Edoardo Palmieri

Non è consentito modificare, distribuire, vendere, utilizzare, citare o parafrasare nessuna parte del contenuto di questo libro senza lo specifico consenso dell'autore o del proprietario dei diritti di copyright.

Qualsiasi violazione di questi termini sarà sanzionata secondo quanto previsto dalla legge.

Disclaimer:

Si prega di notare che il contenuto di questo libro è esclusiva-mente per scopi educativi e di intrattenimento. Ogni misura è stata presa per fornire informazioni accurate, aggiornate e completamente affidabili. Non sono espresse o implicate garanzie di alcun tipo. I lettori riconoscono che il parere dell'autore non è da sostituirsi a quello legale, finanziario, medico o professionale.

Indice

Introduzione - Cos' è la comunicazione assertiva

La comunicazione assertiva implica dichiarazioni chiare e oneste sulle tue convinzioni, esigenze ed emozioni. Consideralo un sano punto di mezzo tra la comunicazione passiva e la comunicazione aggressiva.

Quando comunichi in modo assertivo, condividi le tue opinioni senza giudicare gli altri.

Ti difendi quando necessario, e lo fai con gentilezza e considerazione perché l'assertività implica il rispetto per le tue idee *e* quelle degli altri.

Questo stile di comunicazione è molto utile per risolvere i conflitti in modo collaborativo.

Sia che tu abbia una preoccupazione significativa che desideri discutere con il tuo partner o semplicemente hai bisogno di far sapere a un collega che non puoi offrire assistenza per un progetto, la comunicazione assertiva ti consente di esprimere le tue esigenze in modo produttivo e di lavorare con l'altra persona per trovare la soluzione migliore.

Perché ne vale la pena

Sebbene la comunicazione assertiva richieda spesso più tempo e considerazione rispetto alla comunicazione passiva o aggressiva, questo sforzo in più ne vale generalmente la pena.

Ecco alcuni modi chiave in cui la comunicazione passiva avvantaggia te e le tue relazioni:

- **Protegge le tue esigenze**

I confini ti consentono di impostare rispettosamente dei limiti intorno alle cose che non ti senti a tuo agio nel fare.

Comunicando in modo assertivo, puoi esprimere le emozioni in modo chiaro e utilizzare questi sentimenti per guidare l'impostazione dei confini in qualsiasi relazione.

Quando fai delle scelte per te stesso su ciò che farai e non farai, onori i tuoi bisogni.

Creare confini solidi e ricordarli agli altri quando necessario, ti aiuta a mantenere il controllo in situazioni potenzialmente difficili e riduce il risentimento e la frustrazione.

- **Crea fiducia**

Se l'onestà è davvero la migliore politica, la comunicazione assertiva è la strada da percorrere. È più probabile che le persone si fidino di te quando sanno che darai risposte aperte e dirette.

La comunicazione passiva spesso porta a bugie bianche o per omissione. Forse non stai mentendo direttamente, ma una deliberata vaghezza può comunque causare danni.

Se ti difendessi dalla verità per evitare di condividere le tue opinioni, le persone potrebbero avere la sensazione che tu non stia dicendo loro tutto.

Anche se lo fai per risparmiare i loro sentimenti o prevenire conflitti, potrebbero avere difficoltà a fidarsi di nuovo di te.

La comunicazione aggressiva, sebbene non disonesta, può spaventare o alienare gli altri, il che può anche danneggiare la fiducia.

- **Previene lo stress**

La comunicazione passiva ti impedisce di affermare le tue esigenze e di restare fedele ai tuoi limiti. Questo di solito porta a stress, risentimento, sopraffazione e persino burnout nel tempo.

Anche la comunicazione aggressiva può innescare stress.

Le persone spesso hanno meno inclinazione a lavorare con qualcuno che non sembra preoccuparsi dei propri bisogni o sentimenti. Invece di supportarti, potrebbero lasciarti a gestire le cose da solo.

- **Aiuta a prevenire i conflitti**

Esprimere la tua opinione onestamente ti aiuta ad evitare scenari potenzialmente dannosi.

- **Promuove la fiducia e le relazioni soddisfacenti**

Comunicare in modo assertivo può fare miracoli per la tua autostima e aumentare la soddisfazione nelle tue relazioni.

Quando ti senti a tuo agio nel far valere te stesso, è più probabile che sviluppi relazioni con persone che rispettano i tuoi bisogni e si sentono al sicuro nell'esprimere i propri sentimenti.

Facciamo un quadro introduttivo sulle tecniche da provare

Se la comunicazione assertiva non ti viene naturale, non preoccuparti. Queste tecniche possono aiutarti ad abituarti a parlare per te stesso.

Per prima cosa, nota dove hai problemi con l'assertività

Alcune persone che non hanno problemi a far conoscere le opinioni ai propri cari potrebbero avere difficoltà a difendersi da sole intorno a nuove persone.

Altri potrebbero rispondere in modo aggressivo quando si sentono minacciati o quando le conversazioni si riscaldano.

Forse ti senti sicuro di condividere i tuoi pensieri con il tuo partner ma comunichi in modo più passivo con le altre persone.

O forse comunichi in modo molto aggressivo al lavoro poiché è l'unico modo in cui gli altri sembrano ascoltare.

Identificare queste aree può aiutarti a muovere i primi passi verso un approccio comunicativo più equilibrato.

Impara a riconoscere i tuoi sentimenti

È difficile esprimere bisogni e opinioni quando non hai un'idea precisa di cosa siano esattamente.

Prendersi un po' di tempo per scoprire se stessi può aiutarti a entrare maggiormente in contatto con i tuoi sentimenti. Se fai fatica a nominarli, prova a prestare un po' più di attenzione alla tua esperienza interna ogni giorno:

- Cosa ti fa sentire bene?

- Cosa ti fa sentire infelice o stressato?

- Cosa ti piace fare?

- Cosa vorresti non dover fare?

Anche prestare attenzione alle situazioni in cui reprimi la tua risposta istintiva può essere d'aiuto. Certo, non sempre vuoi dire la prima cosa che ti viene in mente, soprattutto se è con meno tatto.

Ma la consapevolezza emotiva e l'assertività sono abilità che spesso si sviluppano insieme.

Aumentare la consapevolezza emotiva può aiutarti a imparare a riconoscere quando lasciare andare qualcosa e quando offrire un disaccordo (rispettoso) o un compromesso.

Chiedi quello che vuoi

Così come hai il diritto di esprimere rispettosamente i tuoi bisogni, hai anche il diritto di fare richieste agli altri quando hai bisogno di qualcosa, che si tratti di un aiuto con un compito o di un cambiamento nel loro comportamento.

Tieni presente che potrebbero dire di no: tutti hanno il diritto di rifiutare. Anche così, la semplice richiesta potrebbe iniziare una conversazione che porta a un buon compromesso.

Usa affermazioni in prima persona

Quando fai una richiesta o esprimi i tuoi sentimenti, cerca di usare le dichiarazioni in prima persona.

Le dichiarazioni in prima persona si concentrano sui *tuoi* bisogni e sentimenti, piuttosto che assumere quelli degli altri. Le persone generalmente si sentono più disposte a soddisfare le richieste quando non si sentono in colpa o giudicate.

Esercitati prima con i tuoi cari

Può sembrare molto più sicuro praticare l'assertività con le persone di cui ti fidi.

Mettersi a proprio agio nel fare richieste ed esprimere le proprie opinioni a familiari e amici può aiutarti a prepararti per conversazioni più difficili, come quelle che potrebbero sorgere al lavoro.

Se tendi a propendere per una comunicazione più aggressiva, chiedi ai tuoi cari di farti notare quando si sentono attaccati o inascoltati. Questo può aiutarti a riconoscere quando attenuare il tuo approccio.

Risoluzione dei problemi

La comunicazione assertiva può essere complicata, specialmente quando temi che gli altri pensino che sei egoista o prepotente.

Le persone a volte interpretano l'assertività come aggressività, soprattutto quando non comprendono appieno la differenza in questi stili di comunicazione.

Questo non significa che dovresti evitare una comunicazione assertiva. Prova invece questi suggerimenti per conversazioni di maggior successo.

Sii specifico

Un educato "No, grazie" non è aggressivo e non hai l'obbligo di offrire altro.

Detto questo, una piccola spiegazione può aiutare ad ammorbidire un rifiuto. Se il tuo rapporto con l'altra persona è importante per te, valuta la possibilità di fornire un motivo.

Presta attenzione al linguaggio del corpo

La comunicazione non coinvolge solo le parole. Gesti, postura e tono di voce possono tutti dire molto sull'intento dietro le tue parole.

Non dimenticare di chiedere come si sentono

È importante prendersi cura dei propri bisogni, ma l'assertività *non* significa soffocare gli altri quando si parla da soli.

Una comunicazione sana e produttiva va in entrambe le direzioni. Considerare la prospettiva di un'altra persona mostra rispetto per i suoi pensieri e le sue idee.

Dopo aver dichiarato le tue esigenze, potresti dire:

- "Cosa pensi?"

- "Come ti senti a riguardo?"

- "Che cosa suggeriresti?"

Quindi, ascolta attivamente senza interrompere. Meritano anche la possibilità di far valere se stessi.

Stai calmo

È molto normale che le emozioni emergano in situazioni cariche o stressanti.

Ma invece di esprimere la tua angoscia con il linguaggio del corpo, esagerazioni o giudizi, prova a usare le parole (specialmente le affermazioni in prima persona) per descrivere come ti senti.

- "Mi sento frustrato quando ..."

- "Mi sento triste quando ..."

- "Mi sento deluso quando ..."

Gestire le tue emozioni può ridurre la tensione e rendere più facile la comunicazione di successo.

Se ti senti sopraffatto, alcuni respiri profondi, o anche una breve pausa, possono aiutarti a rilassarti e a sentirti più preparato a esprimere bisogni e fare una richiesta.

Alcune persone vedono l'assertività come scortese o inutile, specialmente in situazioni delicate. Se eseguita abilmente, tuttavia, la comunicazione assertiva è solitamente l'approccio migliore in ogni situazione.

Non è mai sbagliato esprimere i propri sentimenti e ci sono molti modi per farlo con tatto e rispetto.

In questo libro tratteremo nel dettaglio la comunicazione assertiva e i modi per incrementarla in qualsiasi situazione o rapporto sociale al fine di migliorare noi stessi sempre più.

Ti auguro una Buona Lettura!

Evoluzione della comunicazione

Sono state proposte molte teorie per descrivere, prevedere e comprendere i comportamenti e i fenomeni di cui consiste la comunicazione. Quando si tratta di comunicare in azienda, spesso siamo meno interessati alla teoria che ad assicurarci che le nostre comunicazioni generino i risultati desiderati. Ma per ottenere risultati, può essere utile capire cos'è la comunicazione e come funziona.

Definizione della comunicazione

La radice della parola "comunicazione" in latino è *communicare,* che significa condividere, o rendere comune. Weekley, E. (1967). *Un dizionario etimologico dell'inglese moderno.* La comunicazione è definita come il processo di comprensione e condivisione di significato. Pearson, J, & Nelson, P. (2000). *Un'introduzione alla comunicazione umana: comprensione e condivisione.*

Al centro del nostro studio sulla comunicazione c'è la relazione che coinvolge l'interazione tra i partecipanti. Questa definizione ci serve bene con la sua enfasi sul processo, che esamineremo in profondità in questo testo, per arrivare a comprendere e condividere efficacemente il punto di vista di un altro.

La prima parola chiave in questa definizione è processo. Un processo è un'attività dinamica difficile da descrivere perché cambia. Immagina di essere solo nella tua cucina a pensare. Qualcuno che conosci (diciamo tua madre) entra in cucina e tu parli brevemente. Cosa è cambiato? Ora, immagina che tua madre sia raggiunta da qualcun altro, qualcuno che non hai mai incontrato prima - e questo sconosciuto ascolta attentamente mentre parli, quasi come se stessi facendo un discorso. Cosa è cambiato? La tua prospettiva potrebbe cambiare e potresti guardare le tue parole più da vicino. Il feedback o la risposta di tua madre e dello sconosciuto (che sono, in sostanza, il tuo pubblico) possono indurti a rivalutare ciò che stai dicendo. Quando interagiamo, tutti questi fattori, e molti altri, influenzano il processo di comunicazione.

La seconda parola chiave è comprensione: "Comprendere è percepire, interpretare e mettere in relazione la nostra percezione e interpretazione con ciò che già sappiamo". *Le basi della comunicazione vocale*. Se un amico ti racconta una storia in cui cade da una bicicletta, quale immagine ti viene in mente? Ora il tuo amico indica fuori dal finestrino e vedi una bicicletta stesa a terra. La comprensione delle parole e dei concetti o degli oggetti a cui si riferiscono è una parte importante del processo di comunicazione.

Poi viene la parola condivisione. Condividere significa fare qualcosa insieme a una o più persone. Puoi condividere un'attività congiunta, come quando condividi la compilazione di un rapporto; oppure puoi trarre vantaggio congiuntamente da una risorsa, come quando tu e diversi colleghi condividete una pizza. Nella comunicazione, la condivisione avviene quando trasmetti ad altri pensieri, sentimenti, idee o intuizioni. Puoi anche condividere con te stesso (un processo chiamato comunicazione intrapersonale) quando porti idee alla coscienza, rifletti su come ti senti riguardo a qualcosa o scopri la soluzione a un problema.

Infine, il significato è ciò che condividiamo attraverso la comunicazione. Osservando il contesto in cui viene utilizzata la parola e ponendo domande, possiamo scoprire il significato condiviso della parola e comprendere il messaggio.

Otto componenti essenziali della comunicazione

Per comprendere meglio il processo di comunicazione, possiamo suddividerlo in una serie di otto componenti essenziali:

1. Fonte

2. Messaggio

3. Canale

4. Ricevitore

5. Risposta

6. Ambiente

7. Contesto

8. Interferenza

Ciascuno di questi otto componenti svolge una funzione integrante nel processo complessivo. Esploriamoli uno per uno.

Fonte

La fonte immagina, crea e invia il messaggio. In una situazione di public speaking, la fonte è la persona che tiene il discorso. Lui o lei trasmette il messaggio condividendo nuove informazioni con il pubblico. L'oratore trasmette anche un messaggio attraverso il tono di voce, il linguaggio del corpo e la scelta dell'abbigliamento.

L'oratore inizia determinando prima il messaggio: cosa dire e come dirlo. Il secondo passaggio prevede la codifica del messaggio scegliendo l'ordine giusto o le parole perfette per trasmettere il significato desiderato. Il terzo passaggio consiste nel presentare o inviare le informazioni al destinatario o al pubblico. Infine, osservando la reazione del pubblico, la fonte percepisce quanto bene hanno ricevuto il messaggio e risponde con chiarimenti o informazioni di supporto.

Messaggio

"Il messaggio è lo stimolo o il significato prodotto dalla fonte per il destinatario o il pubblico." Quando pianifichi di tenere un discorso o scrivere un rapporto, il tuo messaggio potrebbe sembrare essere solo le parole che scegli che trasmetteranno il tuo significato. Ma questo è solo l'inizio. Le parole si uniscono alla grammatica e all'organizzazione. Puoi scegliere di salvare il tuo punto più importante per ultimo. Il messaggio consiste anche nel modo in cui lo dici - in un discorso, con il tuo tono di voce, il linguaggio del corpo e il tuo aspetto - e in un rapporto, con il tuo stile di scrittura, punteggiatura, titoli e formattazione che scegli. Inoltre, parte del messaggio potrebbe essere l'ambiente o il contesto in cui lo presenti e il rumore che potrebbe rendere il tuo messaggio difficile da sentire o vedere.

Canale

"Il canale è il modo in cui uno o più messaggi viaggiano tra la sorgente e il destinatario." Ad esempio, pensa alla tua televisione. Quanti canali hai sulla tua televisione? Ogni canale occupa un po' di spazio, anche in un mondo digitale, nel cavo o nel segnale che porta il messaggio a casa tua. Insieme trasmettono il messaggio al destinatario o al pubblico. Spegni il volume del televisore. Riesci ancora a capire cosa sta succedendo? Molte volte puoi, perché il linguaggio del corpo trasmette parte del messaggio dello spettacolo. Ora alza il volume ma girati in modo da non poter vedere la televisione. Puoi ancora ascoltare il dialogo e seguire la trama.

Allo stesso modo, quando parli o scrivi, stai usando un canale per trasmettere il tuo messaggio. I canali parlati includono conversazioni faccia a faccia, discorsi, conversazioni telefoniche e messaggi di posta vocale, radio, sistemi di diffusione sonora e protocollo VoIP (Voice over Internet Protocol). I canali scritti includono lettere, promemoria, ordini di acquisto, fatture, articoli di giornali e riviste, blog, e-mail, messaggi di testo, tweet e così via.

Ricevitore

"Il destinatario riceve il messaggio dalla fonte, analizzando e interpretando il messaggio in modi sia intesi che non intenzionali dalla fonte." Per capire meglio questo componente, pensa a un ricevitore in una squadra di calcio. Il portiere lancia il pallone (messaggio) a un ricevitore, che deve vedere e interpretare dove prendere la palla. Il portiere può voler che il ricevitore "cogli" il suo messaggio in un modo, ma il ricevitore può vedere le cose in modo diverso e perdere del tutto l'azione (il significato inteso).

In qualità di ricevente ascolti, vedi, tocchi, annusi e / o gusti per ricevere un messaggio. Il tuo pubblico ti "dimensiona", proprio come potresti controllarli molto prima di salire sul palco o aprire bocca. Le risposte non verbali dei tuoi ascoltatori possono servire come indizi su come regolare la tua apertura. Immaginando te stesso al loro posto, anticipa quello che cercheresti se fossi in loro. Proprio come un portiere pianifica dove sarà il ricevitore per posizionare correttamente la palla, anche tu puoi riconoscere l'interazione tra sorgente e ricevitore in un contesto di comunicazione. Tutto questo avviene contemporaneamente, illustrando perché e come la comunicazione è in continua evoluzione.

Risposta

Quando rispondi alla fonte, intenzionalmente o meno, stai dando un feedback. Il feedback è composto da messaggi che il ricevitore invia alla fonte. Verbali o non verbali, tutti questi segnali di feedback consentono alla fonte di vedere quanto bene, quanto accuratamente (o quanto male e impreciso) è stato ricevuto il messaggio. Il feedback offre anche l'opportunità al destinatario o al pubblico di chiedere chiarimenti, di essere d'accordo o in disaccordo o di indicare che la fonte potrebbe rendere il messaggio più interessante. Con l'aumentare della quantità di feedback, aumenta anche l'accuratezza della comunicazione.

Ambiente

"L'ambiente è l'atmosfera, fisica e psicologica, in cui invii e ricevi messaggi." L'ambiente può includere i tavoli, le sedie, l'illuminazione e le apparecchiature audio presenti nella stanza. La stanza stessa è un esempio dell'ambiente. L'ambiente può anche includere fattori come l'abbigliamento formale, che possono indicare se una discussione è aperta e premurosa o più professionale e formale. Le persone possono avere maggiori probabilità di avere una conversazione intima quando sono fisicamente vicine l'una all'altra e meno probabilità quando possono vedersi solo dall'altra parte della stanza. In tal caso, potrebbero scambiarsi messaggi, ed è essa stessa una forma intima di comunicazione. La scelta del testo è influenzata dall'ambiente. In qualità di oratore, il tuo ambiente avrà un impatto e avrà un ruolo nel tuo discorso. È sempre una buona idea controllare dove parlerai prima del giorno della presentazione vera e propria.

Contesto

"Il contesto dell'interazione comunicativa coinvolge l'ambientazione, la scena e le aspettative degli individui coinvolti". Un contesto di comunicazione professionale può coinvolgere abiti d'affari (segnali ambientali) che influenzano direttamente o indirettamente le aspettative di linguaggio e comportamento tra i partecipanti.

Una presentazione o discussione non si svolge come un evento isolato. Quando sei venuto a lezione, venivi da qualche parte. Così ha fatto la persona seduta accanto a te, così come l'istruttore. Il grado in cui l'ambiente è formale o informale dipende dalle aspettative contestuali per la comunicazione detenute dai partecipanti. La persona seduta accanto a te può essere utilizzata per la comunicazione informale con gli istruttori, ma questo particolare istruttore può essere utilizzato per dimostrazioni di rispetto verbali e non verbali nell'ambiente accademico. Potresti essere abituato anche a interazioni formali con gli istruttori e trovare la domanda del tuo compagno di classe: "Ehi insegnante, abbiamo i compiti oggi?" come scortese e sconsiderato quando lo vedono come normale. La risposta non verbale dell'istruttore ti darà sicuramente un indizio su come percepiscono l'interazione, sia le parole scelte che come sono state dette.

Il contesto è tutto ciò che le persone si aspettano l'una dall'altra e spesso creiamo queste aspettative in base a segnali ambientali. Gli incontri tradizionali come I matrimoni sono spesso eventi formali. C'è un tempo per i tranquilli saluti sociali, un tempo per il silenzio mentre la sposa cammina lungo il corridoio, o il padre può avere il primo ballo con sua figlia mentre viene trasformata da ragazza in donna agli occhi della sua comunità. In entrambe le celebrazioni potrebbe arrivare un momento per festeggiamenti turbolenti. Potresti essere chiamato a fare un brindisi e il contesto del matrimonio o influenzerà la tua presentazione, i tempi e l'efficacia.

In una riunione di lavoro, chi parla per primo? Questo probabilmente ha qualche relazione con la posizione e il ruolo che ogni persona ha al di fuori della riunione. Il contesto gioca un ruolo molto importante nella comunicazione, in particolare attraverso le culture.

Interferenza

L'interferenza, chiamata anche rumore, può provenire da qualsiasi fonte. "L'interferenza è tutto ciò che blocca o modifica il significato inteso dalla fonte del messaggio." Ad esempio, se guidavi un'auto per andare al lavoro o a scuola, è probabile che tu fossi circondato dal rumore. Clacson, cartelloni pubblicitari o forse la radio della tua auto hanno interrotto i tuoi pensieri o la tua conversazione con un passeggero.

Il rumore psicologico è ciò che accade quando i tuoi pensieri occupano la tua attenzione mentre ascolti o leggi un messaggio.

L'interferenza può provenire anche da altre fonti. Forse hai fame e la tua attenzione alla situazione attuale interferisce con la tua capacità di ascoltare. Forse l'ufficio è caldo e soffocante. Se fossi un membro del pubblico che ascolta un discorso esecutivo, come potrebbe influire sulla tua capacità di ascoltare e partecipare?

Il rumore interferisce con la normale codifica e decodifica del messaggio trasportato dal canale tra sorgente e ricevitore. Non tutto il rumore è negativo, ma il rumore interferisce con il processo di comunicazione. Ad esempio, la suoneria del tuo cellulare potrebbe essere un rumore gradito per te, ma potrebbe interrompere il processo di comunicazione in classe e disturbare i tuoi compagni.

Due modelli di comunicazione

I ricercatori hanno osservato che quando avviene la comunicazione, la fonte e il destinatario possono inviare messaggi contemporaneamente, spesso sovrapposti. Tu, come oratore, giocherai spesso entrambi i ruoli, come sorgente e ricevitore. Ti concentrerai sulla comunicazione e sulla ricezione dei tuoi messaggi al pubblico. Il pubblico risponderà sotto forma di feedback che ti darà importanti indizi.

Piuttosto che guardare la fonte che invia un messaggio e qualcuno che lo riceve come due atti distinti, i ricercatori spesso vedono la comunicazione come un processo transazionale, con azioni che spesso avvengono allo stesso tempo. La distinzione tra sorgente e destinatario è sfumata nei turni di conversazione, ad esempio, in cui entrambi i partecipanti svolgono entrambi i ruoli contemporaneamente.

I ricercatori hanno anche esaminato l'idea che tutti noi costruiamo le nostre interpretazioni del messaggio.

Poiché portiamo dentro di noi i molteplici significati di parole, gesti e idee, possiamo usare un dizionario per guidarci, ma avremo ancora bisogno di negoziare il significato.

La comunicazione è molto importante. È una chiave per la comprensione tra le persone. Negli anni la comunicazione si è evoluta. Il modo in cui le persone comunicano tra loro oggi è completamente diverso dall'era preistorica. Prima, la comunicazione è limitata all'interazione interpersonale, da persona a persona. Fino a quando non si è evoluto in alfabeti, segni e simboli, lettere e telefono. Oggi, l'era di Internet ha aperto la strada a innumerevoli mezzi di comunicazione.

La tecnologia ha infatti ridefinito la comunicazione. Le persone non devono più aspettare anni, mesi, settimane e giorni per ricevere informazioni o messaggi.

Oggi, SMS, e-mail, tweet e messaggi personali possono raggiungere il destinatario in pochi secondi.

Vediamo come si è evoluta la comunicazione nel corso degli anni.

Pitture rupestri

La forma più antica di simboli utilizzati per la comunicazione sono le pitture rupestri. Secondo i teorici, le pitture rupestri sono state create per contrassegnare un territorio o per registrare eventi. La più antica pittura rupestre è stata scoperta all'interno della grotta Chauvet in Francia intorno al 30.000 a.C. Altre prime pitture rupestri sono state trovate nel Sulawesi meridionale, in Indonesia e nella grotta Coliboaia in Romania.

Simboli

I nostri primi antenati hanno usato diverse varianti di segni e simboli per comunicare. Intorno al 10.000 aC furono creati i petroglifi. Erano incisioni sulla superficie della roccia, di solito indicate come arte rupestre. Nel 9.000

a.C., furono sviluppati dei pittogrammi in cui le immagini logografiche degli antichi raccontavano una storia. In seguito, le culture antiche svilupparono ideogrammi. Gli egiziani avevano i loro geroglifici. Infine, l'alfabeto, che ha ridefinito il linguaggio e la comunicazione, è stato sviluppato intorno al 2000 a.C.

Segnali di fumo

Oltre a lettere e simboli, gli antichi si affidano anche a elementi per comunicare. I segnali di fumo sono stati utilizzati principalmente nell'invio di messaggi in Cina. Nel 200 a.C., le guardie eseguono segnali di fumo per inviare messaggi lungo la Grande Muraglia cinese. Nel 150 a.C., lo storico greco Polibio sviluppò segnali di fumo che rappresentavano l'alfabeto.

Piccioni viaggiatori

Oltre 2000 anni fa, gli antichi romani usavano i piccioni come principali messaggeri tra i militari. Nel 12° secolo, i piccioni messaggeri erano ampiamente utilizzati. Secondo il cappellano navale Henry Teonge, i commercianti usavano i piccioni come servizio "postale". Hanno anche svolto un ruolo fondamentale nella prima e nella Seconda guerra mondiale.

Sistema postale

Durante il periodo antico, gli egiziani usavano il servizio di corriere per inviare decreti nel 2.400 aC Fino ad ora, un pezzo di posta che risale al 255 aC è ancora conservato. I sistemi postali erano stati organizzati anche in Persia, Cina, India e Roma prima. D'altra parte, solo nel 1653 il francese De Valayer avviò a Parigi un sistema postale che prevedeva l'uso di cassette postali e la consegna di buste pagate.

Giornale

Nel 1440, il tedesco Johannes Gutenberg sviluppò il sistema della macchina da stampa che cambiò radicalmente la comunicazione per sempre. Con questo, il giornale iniziò a fiorire nel XVI secolo. La pubblicazione in lingua tedesca di Johann Carolus a Strasburgo nel 1605 fu il primo giornale. Il primo giornale in lingua inglese fu pubblicato ad Amsterdam nel 1620.

Radio

Dopo che la carta stampata fiorì, seguì la radio. Negli anni 1830, vari scienziati, come Maxwell e Hughes, studiarono la telegrafia senza fili che sviluppò la teoria dell'elettromagnetismo. Nel 1888, Heinrich Rudolf Hertz scoprì le "onde hertziane", dal nome di lui. Nel 1893, Tesla iniziò a utilizzare l'alimentazione wireless come forma di trasmissione di contenuti. All'inizio del XX secolo sono iniziate le trasmissioni radiofoniche.

Telegrafo

La comunicazione telegrafica è iniziata dopo che Samuel Morse ha inventato il codice Morse che codifica l'alfabeto latino di base ISO. Il codice Morse trasmetteva messaggi attraverso una serie di clic, toni e luci. Nel 1830, Morse ha integrato il codice Morse nella tecnologia telegrafica che ha rivoluzionato la comunicazione a lunga distanza. Nel 1844, Morse inviò il suo primo messaggio telegrafico.

Telefono

La telegrafia è stata subito sostituita dal telefono. Fu inventato dallo scozzese Alexander Graham Bell nel 1876. Il telefono è un dispositivo di telecomunicazione che converte i segnali audio umani in segnali elettronici che vengono trasmessi tramite cavi. È stato ulteriormente sviluppato per soddisfare commercialmente le chiamate locali e di lunga distanza. Nel 1900 iniziò il servizio di telefonia fissa. Fino ad ora, il telefono è rimasto uno dei dispositivi di telecomunicazione più affidabili.

Televisione

Insieme ai telefoni, la televisione iniziò a diventare una modalità di comunicazione indiretta al pubblico di massa. La televisione non è stata inventata solo da una singola persona, ma sviluppata grazie agli sforzi di varie persone brillanti. Le prime registrazioni di trasmissioni televisive si sono verificate dopo la Seconda guerra mondiale, in cui il display era ancora in bianco e nero. Ora, più di 1,5 miliardi di famiglie nel mondo possiedono una televisione.

Internet

Dopo la creazione dei computer negli anni '50, è stato sviluppato ARPANET, che è stato il primo predecessore di Internet. ARPANET è stato progettato per gestire la comunicazione tra i terminali di computer ARPA negli anni '60. Il termine "Internet" è emerso per la prima volta nel 1973. Il primo provider di servizi Internet è stato Telenet. Nel 1983 è stato avviato il sistema di domini. Nel 1991, Tim Berners-Lee, uno scienziato del CERN, ha introdotto il World Wide Web (www) che ha definitivamente avviato l'internet moderna.

E-mail

Con l'avvento di Internet, la posta elettronica ha iniziato a diventare popolare. Sebbene le e-mail arrivassero prima di ARPANET, tuttavia, erano "offline". Nel 1975, John Vittal ha sviluppato un software per organizzare le email. Da quel momento, il 75% del traffico ARPANET era costituito da e-mail. Nel 1994, nasce Yahoo! È stato seguito da altre piattaforme di posta, tra cui Hotmail e Google Mail.

Messaggio testuale

Il primo messaggio SMS ufficiale ha avuto luogo il 3 dicembre 1992, quando Neil Papworth, un ingegnere di Sema Group (ora Airwide Solutions) ha utilizzato un computer per inviare "Buon Natale" attraverso la rete Vodafone. Nel 1994, la Radiolinja è stata il primo fornitore di servizi di rete a eseguire messaggi di testo da persona a persona. Ora, gli SMS si sono evoluti in cui vengono inviati oltre 9 trilioni di SMS ogni anno.

Social media

L'ultima modalità di comunicazione nell'era digitale è l'uso delle piattaforme di social media. È diventato più disponibile a causa della proliferazione di smartphone in cui è possibile installare facilmente le app dei social media. Nel 2004, Facebook è stato creato da Mark Zuckerberg. Oggi, Messenger è una delle app di messaggistica più utilizzate. Ci sono più di due miliardi di utenti di Facebook in tutto il mondo. Nel 2005, YouTube è diventato il primo sito di social media di hosting video popolare. Nel 2006, Twitter ha iniziato a dominare la scena dei social media. Sono seguite altre piattaforme di social media.

In effetti, la comunicazione ha attraversato molte fasi prima di diventare oggi così conveniente ed efficiente. Pertanto, il nostro ruolo è utilizzare questi strumenti di comunicazione in modo responsabile e nel modo giusto.

L'assertività in ambito lavorativo

Hai mai ammirato un collega che è in grado di affrontare situazioni difficili con facilità e professionalità, indipendentemente dalla politica e dalle personalità difficili coinvolte? Conosci il tipo: ha una capacità simile al Teflon di deviare la rabbia e la frustrazione nel processo di risoluzione dei problemi e non si accontenta di un risultato che sacrifichi il rispetto di sé o l'influenza dei colleghi.

Quello che sta esibendo è un attributo chiave della personalità che è importante sia negli affari che nella vita: l'assertività. Per quelli di noi che evitano il confronto come la peste - o, d'altra parte, quelli di noi che hanno un temperamento che fa scattare i capelli - questo temperamento calmo ma efficace, piacevole ma fermo sembra sovrumano. L'assertività richiede abilità e può richiedere tempo per essere coltivata, ma è una qualità che puoi (e dovresti) aspirare a padroneggiare.

In parole povere, essere assertivi è un mezzo felice tra i due estremi di aggressivo e passivo. Mentre le persone aggressive adottano la posizione "a modo mio o niente", dichiarandosi ostili e abrasive, le persone passive possono essere sfacciate, rinunciando al loro potere e lasciandosi sfruttare, creando una ricetta sicura per burnout e risentimento.

Le persone assertive, d'altra parte, tendono a cercare e creare scenari vantaggiosi per tutti. Le persone assertive comprendono il valore di far conoscere i propri desideri e le proprie convinzioni, ma il loro orgoglio non viene danneggiato se la loro soluzione non è quella che viene fuori in cima. Fiduciose e sicure, queste persone affrontano le situazioni con una sana dose di obiettività e, di conseguenza, sono in grado di comunicare in modo chiaro e affrontare le sfide in modo poco stressante, senza drammi e rispettoso di sé.

Molte persone trovano difficile proiettare l'assertività proprio perché richiede di camminare su una linea sottile tra l'essere invadenti e il pacificare. Per aiutarti a navigare in questa strada complicata, ecco alcuni esempi di come essere più assertivo in alcuni scenari di lavoro comuni, senza trasformarti nella vittima dell'ufficio.

Situazione n. 1: portare il team dietro al tuo piano

Il tuo team è incaricato di lanciare una nuova campagna di vendita e hai un'idea killer. Il team s'incontra per discutere come iniziare e sei entusiasta di proporre il tuo approccio.

- **Approccio passivo:** aspetti che il tuo capo ti dia il primo suggerimento, quindi prendi la via della minore resistenza accettando, piuttosto che mettere la tua idea sul tavolo o persino suggerire modi per migliorare la sua strategia.

- **Approccio aggressivo:** Presenti immediatamente la tua idea "perfetta" come quella che il team deve adottare e, senza prendere fiato, inizi ad assegnare i compiti. Se qualcuno cerca di suggerire un'alternativa, scuoti la testa e dici: "Non funzionerà". Per tutto il tempo, fingi di non notare gli occhi roteanti intorno al tavolo.

- **Approccio assertivo:** mentre ascolti i vari suggerimenti che i tuoi colleghi stanno fluttuando, riconosci i loro punti di forza e assumi un ruolo nella risoluzione delle potenziali sfide. Ad esempio, potresti dire: "È un'ottima idea monitorare le interazioni dei potenziali clienti. E se lo facessimo in sei mesi invece di tre? Ciò ci consentirebbe di raccogliere più dati e prendere decisioni migliori per il prossimo anno fiscale ".

In quest'ultimo scenario, hai affermato il tuo caso in un modo che riconosce le prospettive degli altri e hai sostenuto le tue idee con ragionamenti fattuali, piuttosto che emozioni. Hai contribuito con successo al valore della conversazione, ma non a costo di far sentire gli altri membri del team senza valore.

Situazione n. 2: è tempo di rilanciare, ma il tuo capo non fa nessuna mossa

Dopo aver chiesto un aumento durante un colloquio con il tuo capo, dice che dovrai aspettare almeno altri sei mesi. La società non è in grado di dare aumenti in questo momento, ma ti assicura che la tua performance è tale che sarai considerato per un aumento di stipendio quando sarà il momento giusto.

- **Approccio passivo:** ingoi la tua delusione e pronunci nervosamente: "Oh, va bene, nessun problema", per placare l'imbarazzo della situazione. Ma poi torni a casa e ti lamenti per ore, perché senti che è completamente ingiusto.

- **Approccio aggressivo:** dopo che ti è stato detto che devi aspettare un aumento, informi il tuo capo che inizierai a cercare opportunità altrove, dove qualcuno ti tratterà come meriti di essere trattato.

- **Approccio assertivo:** poiché rispetti te stesso e il tuo bisogno di essere ricompensato, tanto quanto vuoi capire il ragionamento del tuo capo, non lasci che il tuo ego ferito prenda il meglio di te e si scaldi. Invece, chiedi maggiore chiarezza sul futuro dell'azienda e definisci obiettivi e traguardi tangibili che puoi rivedere quando esamini la tua richiesta di stipendio lungo la strada.

Nell'approccio assertivo, stai dimostrando resilienza rispondendo in modo proattivo e orientato al futuro, segnalando maturità, lucidità e impegno nei confronti dell'azienda.

Situazione n. 3: gestione del team per migliori risultati

Uno dei tuoi rapporti diretti manca seriamente il segno. I suoi risultati sono sciatti, altri colleghi stanno iniziando a lamentarsi di dover spesso completare il suo lavoro e, per di più, arriva in ritardo ogni giorno. Come gestire la cosa?

- **Approccio passivo**: la prossima volta che consegna una terribile bozza di un rapporto, rimani sveglio fino alle 2 del mattino per rifarlo da solo e poi sei frustrato dalle sue scarse prestazioni ad altri colleghi quando non è nei paraggi.

- **Approccio aggressivo:** vai a pieno titolo su di lui, chiedendogli perché è così stupido, assicurandogli che non è desiderabile da nessun'altra parte e che gli stai facendo un favore lasciandolo andare e non licenziarlo sul posto.

- **Approccio assertivo:** in una riunione privata, comunichi chiaramente perché il suo lavoro non è accettabile, indicando la sua incapacità di soddisfare i requisiti procedurali fondamentali, ma stai attento a non mirare alle sue qualità personali. Sfruttando la tua intelligenza emotiva ed empatia, lo inviti a farti sapere se sta succedendo qualcos'altro. Forse sta lottando con problemi personali che stanno distogliendo la sua attenzione dal lavoro. O forse non ha chiare le tue istruzioni. Per mantenere i progetti in linea e migliorare il tuo rapporto, pianifichi una riunione settimanale per controllare e creare un canale per una comunicazione chiara.

Nell'opzione finale, hai preso il controllo della situazione invece di lasciare che il problema persista e hai presentato uno scenario in cui sia tu che il tuo rapporto vincete.

Imparare ad essere più assertivo - difendersi senza essere un idiota totale - non solo ti farà guadagnare rispetto tra i colleghi, ma ridurrà anche lo stress, facendoti sentire più sicuro di te stesso e delle tue interazioni con gli altri. Questa strada maestra che le persone assertive intraprendono è dove si ottengono i risultati migliori, quindi allenandoti a cercare le opportunità vantaggiose per tutti in situazioni difficili, uscirai al top.

6 SUGGERIMENTI PER ESSERE PIÙ ASSERTIVI AL LAVORO

Non essere in grado di parlare al lavoro può avere conseguenze negative di lunga durata. Può portare a stress, esaurimento o renderti quasi invisibile in un contesto in cui promozioni e aumenti dipendono dalla visibilità.

Quando sei assertivo, chiedi ciò di cui hai bisogno, parli apertamente di ciò che vuoi e riconosci quando qualcuno si sta approfittando di te. Puoi avvicinarti alle cose che fai con sicurezza e avere un impatto diretto sul tuo ambiente. Ma questo non è facile per tutti.

Ci sono due componenti importanti per diventare più assertivi: (1) imparare a trattare te stesso con rispetto e capacità di comunicazione (2) Rafforzarti.

1. Riconosci il tuo valore

Il primo passo per diventare più assertivi è coltivare una prospettiva realistica e rispettosa del tuo valore come persona. Molte persone hanno problemi di attribuzione, attribuendo i loro fallimenti a difetti interni ("Non sono bravo in questo, non importa quanto ci provi") e i loro successi alla fortuna ("È andato bene perché era più facile di quanto tutti pensassero sarebbe stato"), contribuendo a rosicchiare l'insicurezza e potenzialmente un senso di inutilità.

Fai un passo indietro e pensa a cosa contribuisci al tuo posto di lavoro. Per ora, cerca di placare qualsiasi critica interna che voglia esaminare i tuoi difetti, errori e fallimenti; quei pensieri possono evocare vergogna e offuscare la tua capacità di vedere i tuoi attributi positivi. Fai un inventario equilibrato di chi sei stato al lavoro, annotando sia le cose buone che hai fatto sia tutto ciò che potresti voler migliorare.

2. Conosci i tuoi diritti

Informati sulle cose di cui hai diritto sul tuo posto di lavoro. Il grande muro di avvisi pubblicati nella tua mensa, il manuale delle politiche dei dipendenti, la descrizione del tuo lavoro: potresti non sapere cosa c'è in tutto quel materiale disponibile, nonostante contenga informazioni importanti.

Imparare ad essere assertivi sul posto di lavoro include l'apprendimento dei confini legali ed etici di ciò che ci si può aspettare dal proprio ambiente di lavoro. Ad esempio, se ritieni di essere frustrato dal fatto che ci si aspetta che tu debba lavorare durante il pranzo quattro volte a settimana, questo materiale può dirti se quell'aspettativa viola le leggi del tuo stato, il che può supportare il tuo desiderio di difendere ciò di cui hai bisogno. Se venissi molestato o sottoposto a maltrattamenti, potrebbero esserci protezioni in atto per aiutarti. La conoscenza può aiutarti a darti la forza per cercare ciò di cui hai bisogno.

3. Conosci i tuoi confini

Imparare e rispettare i propri limiti personali è un passo importante verso la regolazione dello stress e della frustrazione. Affrontare progetti extra nonostante la mancanza di importanti eventi familiari o continuare a rispondere alle e-mail di lavoro dal tuo letto nonostante l'interferenza con un riposo notturno adeguato: il burnout è fatto di questi ingredienti. Pensa a cosa puoi realisticamente aspettarti da te stesso e rispetta i tuoi limiti. Siamo tutti vincolati dalla nostra umanità e dal tempo; non è possibile aggirare queste cose, anche se le scadenze si profilano.

Tutti beneficiano della tua comunicazione diretta. Essere esausti o risentiti non è solo infelice, ti impedisce di esibirti al meglio.

4. Preparati ed esercitati

Per prima cosa, preparati ad essere assertivo al lavoro nella sicurezza del tuo diario, della tua terapia o delle tue relazioni strette. Immagina come potrebbe essere comunicare qualcosa di difficile al tuo collega o al tuo capo. Ponetevi le seguenti domande: qual è il mio obiettivo? Cosa voglio dire? Come vorrei dirlo?

Agisci nella tua mente, interpretando sia lo scenario ideale che lo scenario che ti spaventa di più. Prova a parlarne con una persona cara che sarebbe aperta al gioco di ruolo. Dì ad alta voce ciò che vorresti comunicare al lavoro. Se non lo fai, quando arriva il momento, i tuoi nervi potrebbero bloccarti e arrendersi può sembrare più facile. Considera le cose che spesso ti è difficile dire (ad esempio, "No, non posso" o "Questo mi mette a disagio") e provale per un uso futuro.

5. Impara la differenza tra assertivo e aggressivo

Molte persone abbassano la voce perché sono arrivate a credere che parlare sia sinonimo di prepotenza, invadenza o mancanza di rispetto verso le altre persone. Essere assertivi non deve essere nessuna di queste cose; significa solo dare valore ai propri pensieri, sentimenti e voce, oltre a quelli degli altri.

Puoi continuare a essere una persona gentile e simpatica mentre comunichi direttamente. La comunicazione assertiva non cerca di distruggere altre persone (sarebbe una comunicazione aggressiva). Il suo obiettivo è creare il miglior risultato per te in collaborazione con gli altri sul tuo posto di lavoro. "Non sono d'accordo con questo" è assertivo e onesto e apre ulteriori conversazioni per passare alla risoluzione. "Che razza di idea stupida è questa?" è aggressivo e minimizzante e interrompe la conversazione.

6. Continua a crescere

Più impari e cresci, più puoi sentirti connesso alle tue capacità e alle tue conoscenze. La fiducia è radicata nella conoscenza di te stesso, del tuo valore e delle cose che puoi offrire al mondo che ti circonda. Continua a coltivare la tua carriera e riconosci come i tuoi sforzi e i tuoi punti di forza portano benefici al tuo ambiente di lavoro.

Abbi pazienza con te stesso mentre apporti questi cambiamenti. Potresti inciampare in conversazioni difficili o perdere i nervi all'ultimo momento. Va bene, molte cose nuove sono difficili all'inizio e costruire uno stile di comunicazione diretta è un processo.

L'assertività nel contesto familiare e sentimentale

Una buona comunicazione è essenziale per la resilienza emotiva perché genera emozioni positive anziché negative. Sapere di più su come comunicare in modo chiaro e con sensibilità può aiutarti a evitare problemi prima che inizino.

Sviluppare l'assertività

Ci sono più posture o atteggiamenti che le persone possono assumere quando comunicano tra loro. Le persone possono assumere un atteggiamento aggressivo e provocatorio nei confronti degli altri, ad esempio, formulando accuse e minacce progettate per intimidire o costringere a particolari risposte. Possono anche assumere una posizione passiva nei confronti degli altri, ad esempio, accettando minacce e accuse senza contestazioni. Ci sono seri problemi con entrambe queste posture, tuttavia, in quanto entrambe tendono a produrre e prolungare conflitti non necessari e, in generale, a creare stress laddove non deve esistere. Le posture comunicative aggressive trasmettono una mancanza di rispetto per coloro che sono minacciati, mentre le posture passive trasmettono una mancanza di rispetto di sé da parte della persona minacciata. Per fortuna, un terzo modo di comunicare chiamato assertività non ha questi problemi.

Le comunicazioni assertive sono attive come le comunicazioni aggressive, tranne per il fatto che sono difensive laddove quelle aggressive sono offensive. Laddove i comunicatori passivi consentono alle persone di invaderli o degradarli, i comunicatori assertivi si difendono da invasioni e degradazioni. I comunicatori assertivi prendono tutte le misure necessarie per difendersi, ma stanno attenti a non invadere qualcun altro. Essere assertivi significa comunicare rispetto per te stesso e per chi stai comunicando allo stesso tempo. Una persona assertiva comunica liberamente, ma in modo rispettoso e non minaccioso. L'assertività è un atto di equilibrio, che richiede riflessione e consapevolezza sociale.

Nessuno nasce assertivo. Piuttosto, è un'abilità che deve essere appresa e coltivata. L'assertività è un'abilità che vale la pena imparare perché ti aiuta a comunicare in modo più efficace e a ridurre al minimo il numero di situazioni stressanti che devi affrontare nella vita.

È possibile utilizzare le seguenti strategie in situazioni che richiedono una risposta assertiva.

1. **Fermare.** Interrompi il tuo impulso di rabbia iniziale in modo da poter pensare a una risposta più utile.

2. **Raggruppa.** Fai dei respiri profondi e usa un segnale rilassante, come ripetere la parola 'calma' più e più volte. Se necessario, prenditi una pausa - minuti, ore, giorni - qualunque cosa sia necessaria. Non rispondere finché non sei calmo. Quando sei calmo, cerca di identificare le cose che hanno innescato la tua rabbia in modo da poterle disinnescare. La rabbia distorcerà, piuttosto che chiarire la tua risposta corretta.

3. **Comunicare.** Rispondi alla persona che ti ha fatto arrabbiare. Fallo in un modo calmo che dimostri che ti difenderai se necessario, altrimenti non farai di tutto per attaccare inutilmente. Se possibile e appropriato, parla di come sei stato influenzato da ciò che è stato detto. Parla dei tuoi sentimenti, di come sei stato colpito, invece di fare accuse.
È improbabile che parlare della tua esperienza metta sulla difensiva la persona

con cui stai parlando ed è più probabile che trasmetta il tuo messaggio chiaramente.

Un esempio

Considera il seguente esempio: il tuo partner arriva inaspettatamente molto tardi senza aver chiamato. Ti senti maltrattato da questa mancanza di comunicazione che sembra indicare sconsideratezza e mancanza di cura. Invece di urlare al tuo partner (una risposta aggressiva), o semplicemente non commentare il ritardo (una risposta passiva), potresti provare a parlare di come sei stato influenzato. Per esempio,

"Mi sento in apprensione quando sei in ritardo perché ci tengo a te e mi preoccupo che qualcosa non vada. Apprezzerei davvero se provassi a farmi sapere quando farai tardi."

È probabile che questa affermazione assertiva sia molto più efficace del dire (in modo aggressivo),

"Sei un tale idiota egoista. Mi sento così arrabbiato che potrei urlare quando non chiami quando sai che non sarai a casa per cena. Ovviamente non ti importa della tua famiglia perché sei così sconsiderato!"

Sebbene i due esempi parlino entrambi nominalmente delle tue esperienze, il primo esempio è più positivo perché tiene conto dei sentimenti dell'altra persona. La seconda affermazione è scortese, offensiva e più propensa ad inimicarsi l'altra persona facendola continuare il suo comportamento non comunicativo.

Nell'esempio sopra, la tua scelta di guidare con una richiesta assertiva rispetto a una aggressiva può portare la tua conversazione verso risultati molto diversi. Potrebbe non esserci stata alcuna intenzione da parte della tua dolce metà di arrivare in ritardo - potrebbe essere stata una semplice distrazione che lui o lei non ha chiamato. Se agisci in base ai tuoi sentimenti feriti senza considerare questa possibilità (fornendogli il beneficio del dubbio) potresti finire per farlo diventare difensivo o arrabbiato, peggiorando la situazione. Se non dici nulla, potresti tenere il broncio ed essere arrabbiato con il tuo partner per un lungo periodo, peggiorando anche la situazione. Potrebbe scatenarsi una rissa o entrambi potreste disconnettervi l'uno dall'altro, riducendo le possibilità di intimità o riconciliazione. Se, tuttavia, conduci con un'affermazione assertiva, parlando di come eri preoccupato e persino infastidito da ciò che è accaduto, è molto più probabile che lei/lui ascolti ciò che hai da dire e accetti la tua ragionevole richiesta di chiamarti in futuro.

La maggior parte di noi vuole essere apprezzata. Alcuni di noi vogliono essere apprezzati così tanto che cerchiamo di essere "gentili" tutto il tempo. Diventiamo persone piacevoli. Cerchiamo di accontentare tutti, compresi i membri della nostra famiglia. Ci arrendiamo quando vogliamo davvero fare qualcos'altro. Diciamo "sì" quando preferiamo dire "no". Se il tuo *popolo ti* dice "sì" mentre il resto di te dice "no", alla fine finirai per sentirti pieno di risentimento e duro. Quando arrivi a questo punto, è molto più probabile che perdi la pazienza ed esplodi in modo aggressivo.

Questo modello passivo/aggressivo può farti sentire impotente e inefficace. È come se avessi due possibili modi di comportarti - passivo o aggressivo - e non avessi accesso a tutti gli altri modi possibili nel mezzo. Può anche causare rapporti confusi e difficili con i membri della tua famiglia

Essere assertivi significa essere in grado di difendersi, dire quello che vuoi ed esprimere le tue opinioni in un modo che non è né aggressivo né passivo. Significa esprimere te stesso in un modo che rispetti i sentimenti degli altri, rendendo anche chiari i tuoi desideri.

L'apprendimento di abilità comunicative assertive ti consente di affrontare in modo più efficace le relazioni con altre persone. Che tu sia in una situazione lavorativa, sociale o familiare, quando si verifica una circostanza difficile, puoi usare le tue capacità di assertività per gestirla in un modo che generalmente fa sentire tutti a posto. E anche se ricevi una risposta scontrosa dalla persona con cui sei stato assertivo, non preoccuparti. Finché sei stato gentile e ragionevole nella tua comunicazione, non è tua responsabilità come reagiscono le altre persone. Tutti, anche i bambini, sono responsabili delle proprie risposte, per quanto possano cercare di incolpare altre persone per loro!

Non si tratta solo di dire "NO"

È facile avere l'impressione che essere assertivi significhi imparare a dire "no". In effetti, le capacità di comunicazione assertive possono aiutarti a evitare di dire "no". Ti piace sentirti dire di no quando vuoi qualcosa? Non crediamo. Nemmeno la maggior parte delle persone. Essere assertivi ti offre alternative al dire "no". Ti insegna a negoziare con le persone in modo che, il più delle volte, entrambi otteniate ciò che volete da una situazione.

Ciò è particolarmente importante quando si tratta di bambini, dove è molto facile dire "no, no, no" tutto il giorno. I bambini piccoli tendono a fare o vogliono fare molte cose che noi non vogliamo che facciano. Trovare modi per negoziare con loro e offrire loro scelte alternative farà una grande differenza nel modo in cui ti relazioni con i tuoi figli.

Suggerimenti per diventare assertivi

• Fai un respiro profondo e parla con calma

• Considera la discussione come una trattativa e non come una discussione

• Mantieni un contatto visivo con la persona con cui stai parlando

• Scegli il momento giusto per parlarne quando sei calmo e hai tempo per parlare. Se hai un problema con un membro della tua famiglia, parlane in privato, non di fronte ad altri membri della famiglia o davanti ai loro amici.

• Evita di scusarti. Chiedere scusa fa sembrare che ti senta in torto.

• Attenersi a ciò di cui si vuole discutere. Non tirare in ballo molte altre cose che ti vengono in mente improvvisamente durante la conversazione. Questo toglierà solo l'energia dal punto che vuoi veramente attraversare. E l'altra persona smetterà di ascoltarti se pensa che stai per passare attraverso un intero elenco di cose che pensi di aver fatto di sbagliato.

• Sii disposto a lasciare andare qualcosa se ne hai parlato molto e nulla sta cambiando. A volte dobbiamo essere tutti disposti ad accettare le persone e le situazioni così come sono. Non è sempre possibile per le persone cambiare il proprio comportamento, anche quando lo desiderano. Pensa alle volte in cui hai trovato difficile cambiare il tuo comportamento.

• Fai del tuo meglio per iniziare la conversazione apprezzando qualcosa che la persona ha fatto. Trova anche qualcosa di positivo con cui concludere la conversazione.

Assertività ed empatia

L'empatia può essere molto utile quando si affrontano i conflitti.

Essere soddisfatti è più importante che avere ragione. Se ottieni quello che vuoi, la tregua potrebbe essere di breve durata.

Quando si ha a che fare con un conflitto, è importante comprendere le motivazioni e i valori dell'altra persona. Tuttavia, ciò non significa che dovresti dimenticare le tue esigenze e preoccupazioni. L'obiettivo è trovare un buon equilibrio tra empatia e assertività.

Cominciamo con l'empatia.

SVILUPPA LA TUA CAPACITÀ DI LEGGERE GLI STATI EMOTIVI ALTRUI

Individua i segnali deboli

La comunicazione interpersonale è composta da segnali verbali e non verbali. Secondo A. Mehrabian, i segnali di comunicazione non verbale sono più significativi di quelli verbali. Ha scoperto che:

- **I segnali verbali** rappresentano il 7% di come il messaggio verrà percepito.

- **I segnali non verbali,** come il tono o le espressioni, rappresentano il 93% della percezione conscia e inconscia del messaggio.

  - Il 38% del messaggio si basa sul suono e sul tono della voce.

  - Il 55% del messaggio è visivo: espressioni facciali e linguaggio del corpo.

I segnali non verbali sono così importanti che dovresti sforzarti di essere un grande decodificatore emotivo in grado di interpretarli, come agitazione, aggressività, indifferenza, evitamento, ecc.

Questo non accade perché:

- Non tutti mostrano i loro sentimenti.

- I filtri delle persone (negazione, razionalizzazione, ecc.) creano un ritardo. Spesso, ciò che viene detto (verbale) è diverso dai loro segnali non verbali.

Identifica le discrepanze tra i segnali verbali e non verbali

C'è una discrepanza quando la comunicazione verbale e non verbale non sono in equilibrio.

Ad esempio, se qualcuno dice: "Sono molto felice di rivederti", ma non stabilisce il contatto visivo o ti dà le spalle.

La difficoltà deriva dal fatto che il corpo può mascherare i segnali non verbali. Ciò accade quando una persona è stata difensiva e autoprotettiva per molto tempo.

Tuttavia, questo è vero solo fino a un certo punto: l'emozione è un impulso fisico, quindi i segnali sono sempre presenti. Puoi imparare a individuarli in:

- Il corpo: postura, movimento delle braccia, mani, gambe, inclinazione della testa.

- La voce: alta / bassa, veloce / lenta, emotiva / priva di emozioni, esitante / fiduciosa.

- La bocca: sorriso, aperto, (comodo o scomodo).

- Gli occhi: spalancati / chiusi / ristretti, occhi al cielo, evitare il contatto con gli occhi.

- Colorazione della pelle: pallore, arrossamento.

- Il resto del viso: tensione nella mascella, strabismo, sopracciglia sollevate / accigliato.

- Respirazione: fermata / ansimante, sospirando.

Attenzione: questi tratti fisici diventano segnali emotivi solo quando differiscono dalla norma.

Ascolta il non detto in ciò che viene detto

Anche se una persona nasconde o maschera i suoi sentimenti, i segnali verbali contengono comunque informazioni. Gli indizi possono includere:

- Dichiarazioni che utilizzano avverbi con significato opposto alla frase, ad esempio: " *In ogni caso*, la direzione ha apprezzato il rapporto ".

- Un semplice "non capisco" può significare "non sono d'accordo".

- Una frase che sembra essere oggettiva e potrebbe iniziare con "me" o "io", ma può avere un significato sottostante. Ad esempio, "Sono sempre molto puntuale ", può significare:

  o Non sono mai stato in ritardo.

- o Mi piace la puntualità.

- o Non tutti qui sono sempre puntuali.

- o Arrivare in ritardo è irrispettoso.

- o La puntualità è un vero sforzo perché abito a più di un'ora di distanza.

- o Sono molto autodisciplinato.

- o Sono degno di fiducia.

A seconda del contesto, la frase può utilizzare emozioni come paura, rabbia, tristezza o disgusto per coprire un atteggiamento difensivo o un bisogno di riconoscimento.

Identifica il profilo emotivo dell'altra parte (e il tuo!)

Useremo gli otto archetipi emotivi definiti da G. Berger per esplorare ulteriormente questo concetto.

L'obiettivo non è semplificare eccessivamente la complessità umana o negare a ciascuna persona la propria unicità. Definire le tendenze generali rende più facile affinare la nostra comprensione dell'individualità: otto tipi sono meglio di uno ed è un buon promemoria per non dare per scontato che tutti lavorino nello stesso modo in cui lo fai tu.

Questi otto archetipi emotivi distinguono tra:

Il rapporto con l'azione:

- Quattro sono *attivi,* cioè hanno un'energia che permette loro di agire senza ritardi e in modo stimolante.

- Quattro *non* sono *attivi:* per queste persone l'azione è spesso uno sforzo e viene posticipata o compiuta dal senso del dovere piuttosto che dal piacere.

Vicinanza con le tue emozioni:

- Questa persona non è molto emotiva e mantiene la calma in una situazione.

- La persona emotiva può essere nervosa, turbata ed entusiasta. Sono sensibili e mai indifferenti. I loro sentimenti sono acuti e possono essere esternalizzati o interiorizzati, a seconda che siano attivi o non attivi.

Il tempo di reazione:

- Il tempo di reazione dallo stimolo (il trigger) può essere breve (meno di un minuto): la reazione è spontanea, non filtrata e autocosciente.

- Questo tempo di reazione è più lungo perché la reazione è più inibita, intellettualizzata e calcolata. Ci vuole tempo perché entri nella mente cosciente (da alcuni minuti a diversi giorni).

Quindi, i seguenti otto profili:

Rapporto con l'azione	Vicinanza emotiva	Breve tempo di reazione	Tempo di reazione più lungo
Attivo	Vicino	Irritabile	Appassionato
Attivo	Debole	Irascibile	Flemmatico
Non attivo	Vicino	Sentimentale	Ansioso
Non attivo	Debole	Amorfo	Apatico

I profili emotivi non sono netti e possono anche variare per la stessa persona, a seconda del contesto. Puoi imparare a bilanciare le tue emozioni e le tue azioni, nonché accorciare o allungare il tuo ciclo emotivo con l'esperienza e la formazione.

Queste sono solo tendenze generali per aiutarti a sviluppare la tua intuizione emotiva, che è la chiave per gestire il conflitto!

PRENDI IN CONSIDERAZIONE LE DIFFERENZE NEI SISTEMI DI VALORI

Le persone con cui interagisci pensano a modo loro e hanno i propri principi e sistemi di valori. Non proiettare il tuo su di loro: è improbabile che vada bene!

I valori implicano diritti e responsabilità

Anche se un gruppo condivide gli stessi valori, la loro importanza può variare da persona a persona. Esamina l'elenco parziale riportato di seguito e identifica e classifica i tre che sono più importanti per te in ordine di importanza. Quindi, considera quelli che non hai scelto senza giudizio.

Valori	I miei diritti (esempi)	Le mie responsabilità (esempi)
La libertà	"Mi piace raccontare storie divertenti e penso che si possa ridere di tutto".	"Ognuno fa quello che vuole della propria vita. Non giudico".

Giustizia	"I lavori senza sicurezza del lavoro sono ingiusti".	"Accredito una vendita a un collega che si è preso cura del cliente per molto tempo perché se lo merita ".
Uguaglianza	"Donne e uomini dovrebbero ricevere la stessa paga per fare lo stesso lavoro".	"Accetto di cambiare la mia fascia oraria per le vacanze estive ogni anno."
Rispetto	"È importante che i miei colleghi rispettino la mia identità culturale".	"Non parlo della vita privata del mio collega di fronte a terzi".
Solidarietà	"Posso contare sui miei colleghi	"I miei colleghi possono contare su di me quando necessario".

	quando necessario".	
Autonomia	"Non devo fare gli straordinari per compensare gli errori ripetuti".	"Sono indipendente e nessuno dipende da me".
Civiltà	"Apprezzo che i miei colleghi si prendano del tempo per salutarsi a vicenda al mattino".	"Anche quando mi sento sopraffatto, prendo sempre un po' di tempo per i miei colleghi".

I valori sono accompagnati da diritti e responsabilità. Una persona non può averne l'una senza l'altra, o non è un valore, ma una postura. Le azioni e le parole devono essere "sincronizzate".

Le persone possono fraintendersi a vicenda quando hanno valori diversi. Ad esempio, qualcuno che mette al primo posto la libertà può avere un conflitto con qualcuno che mette il rispetto al primo posto. Qualcuno che classifica al primo posto la solidarietà potrebbe avere problemi con qualcuno che classifica al secondo posto l'autonomia. Uno di loro potrebbe lasciare il lavoro alle 18:30, non importa cosa, mentre l'altro rimane di più per rispettare una scadenza.

Principio contro conseguenza

Le persone possono anche avere incomprensioni quando una sceglie i propri valori in base ai principi e l'altra utilizza le conseguenze. Ripeti l'esercizio precedente. Sei più orientato ai principi o alle conseguenze? Per quali valori? Per esempio:

Valori	Orientato ai principi	Orientato alle conseguenze
Prestazione	"Negli affari, è la performance che conta. Capisco che alcune delle mie esigenze vengono sacrificate per il bene collettivo o il	"Le organizzazioni fanno affidamento sulla performance collettiva, ma non può andare a scapito del benessere individuale. Quindi,

	successo del progetto".	dobbiamo trovare un compromesso e accettare una minore produttività".
Verità	"Non mento mai, quali che siano le conseguenze. Posso accettare qualsiasi verità, anche quelle spiacevoli."	"Evito di mentire, ma preferisco tacere se la verità farà male a un collega".

Queste differenze ci costringono a essere cauti, a evitare generalizzazioni e pensieri in bianco e nero.

Sii assertivo

L'assertività, un concetto introdotto da A. Salter, è affermare la propria posizione in modo semplice, diretto e non aggressivo. Questa è un'abilità e una mentalità che richiedono che tu consenta anche all'altra persona di essere assertiva.

Essere assertivi significa affermare la propria posizione con fermezza pur rimanendo rispettoso dell'altro. Per fare questo, analizza:

- I tuoi bisogni e limiti (tolleranza ai bisogni insoddisfatti).

- Il tuo profilo emotivo.

- I tuoi filtri.

- I tuoi trigger.

- Il tuo sistema di valori.

Per essere assertivo, hai bisogno di una buona autostima, che può variare a seconda della situazione. Quando è bassa o silenziosa, può essere necessario uno sforzo per riprenderlo. Quindi, aumenta la tua autostima scrivendo:

- Un elenco delle tue qualità (almeno 7).

- Un elenco dei tuoi risultati professionali; ce ne sono molti!

Suggerimento: se hai bisogno di ispirazione, chiedi a un collega premuroso di aiutarti. Puoi restituire il favore e fare lo stesso per loro!

Ricapitoliamo!

È importante trovare l'equilibrio tra empatia e assertività se vuoi gestire il conflitto in modo efficace. Puoi acquisire entrambe queste qualità imparando a capire te stesso e gli altri.

Puoi acquisire più empatia se:

- Impari ad osservare e riconoscere i segnali di comunicazione verbali e non verbali.

- Comprendere e accettare che le persone hanno sistemi di valori diversi (priorità, posture, principi o orientati alle conseguenze).

L'assertività è una forza non violenta che richiede che:

- Ti conosci bene.

- Riconosci i tuoi bisogni.

Tecniche e abitudini per migliorare l'assertività in diverse situazioni

È importante essere in grado di difendere te stesso usando tecniche di assertività. Nel mio primo capitolo sull'assertività, abbiamo spiegato cos'è l'assertività e la differenza tra assertività e aggressività. In questo capitolo, ci dilungheremo su questo e forniremo alcune tecniche specifiche di assertività ed esempi di come usarle.

Stile di comunicazione assertivo noto anche come assertività 101

Uno dei principali ostacoli per diventare assertivi è capire veramente cosa è essere assertivo e quali sono i principi alla base della comunicazione assertiva. La comunicazione assertiva è collaborativa. Con questo intendiamo dire che c'è un presupposto di rispetto reciproco. Questo rispetto viene fornito all'altro individuo indipendentemente dal fatto che faccia o dica qualcosa di inaccettabile. La comunicazione assertiva nasce dal punto di vista che le persone meritano rispetto anche quando i loro comportamenti non sono rispettosi.

Come possiamo ottenere questo risultato SENZA essere passivi o passivi-aggressivi?

Tecniche di assertività

1. **Domanda:** Primo, avere una curiosità attiva di ciò che l'altra persona sta cercando di trasmettere aiuta davvero. Quando assumi un atteggiamento di calma curiosità, è interessante la rapidità con cui a volte le cose possono essere risolte.

   - Esempio: C'era una volta un giovane che lavorava nell'high-tech. Aveva il compito di addestrare una giovane donna e lei aveva difficoltà a comprendere un certo concetto, quindi chiese: "Vuoi che ti faccia un disegno?"

   - Ora, è successo che era francofono (franco-canadese) e non era a conoscenza dell'implicazione offensiva della frase che aveva usato. La giovane donna si arrabbiò e se n'è andò furibonda lasciandolo incredulo.

   - La sua risposta è stata passiva-aggressiva. Una risposta assertiva sarebbe stata: "Mi rendo conto che non stai capendo questo concetto, ma sto facendo del mio meglio per spiegartelo". Se l'avesse detto, avrebbe spiegato che si stava davvero offrendo letteralmente di fare un diagramma per lei e non era sarcastico e quindi la questione sarebbe stata risolta rapidamente.

- o Fare domande aperte (cioè domande che NON hanno solo una risposta sì / no) e stare attenti a non fare supposizioni o saltare a conclusioni, non importa quanto ovvie possano apparire, è una tecnica importante di comunicazione assertiva. Ciò che è "ovvio" per una persona non è per nulla "ovvio" per l'altra e questa è un'idea concreta che, tuttavia, alla maggior parte delle persone manca.

2. **Identifica ciò che desideri e di cui hai bisogno e preparati a chiederlo:** Se non hai mai veramente considerato ciò che TU vuoi o di cui hai bisogno, allora è difficile essere assertivi perché come puoi chiedere qualcosa se non sai cosa vuoi? Quindi potresti dover fare dei compiti e scrivere esattamente ciò che desideri e di cui hai bisogno.

- o Esci e trova modi per soddisfare questi bisogni in modo da non sacrificare i bisogni degli altri.

- o Chiedi quello che vuoi.

- o Difendi te stesso e le tue esigenze. Decidi in anticipo su cosa vale o non vale la pena prendere posizione.

- o Quando esprimi i tuoi bisogni e sentimenti, cerca di rimanere impassibile.

3. **Impara a dire di no, senza sentirti in colpa:** Se questa è un'area problematica per te, esercitati a dire "no" con un amico fidato. Può essere difficile capire il "no" senza volerlo spiegare.

4. **Lascia andare il senso di colpa in generale:** Questo può essere difficile, ma chi aiuta davvero il senso di colpa? Pensa alla situazione che ti fa sentire in colpa. Hai davvero fatto qualcosa di sbagliato? Se è così, puoi fare qualcosa a riguardo? In caso contrario, perché ti senti in colpa per questo? Lavora per costruire una vita che vada avanti. Il senso di colpa di solito trattiene le persone e in realtà non aiuta nessuno.

5. **Prenditi il tuo tempo:** A volte i venditori, i tuoi figli, un bullo o davvero, chiunque, cercheranno di spingerti a prendere una decisione quando non hai tutte le informazioni, ti senti stressato o semplicemente non sei pronto a prendere una decisione. Ricorda sempre che hai il diritto di prendere una decisione! Ci sono diversi modi per formulare questo. Ecco alcuni esempi:

   o "Dovrò risponderti su questo."

   o "Sembra interessante, ma dovrò controllare alcuni dettagli prima di poterti rispondere."

   o "Non posso prendere una decisione in questo momento. Fissiamo un appuntamento per parlare di questo la prossima settimana? "

   o Alcune persone cercheranno di convincerti a "selezionare" e prendere subito una decisione - usa la tecnica del "disco rotto" di seguito se necessario.

6. **Il disco rotto:** Questa è probabilmente la più famosa delle tecniche di assertività ed è molto semplice. Ripeti la tua posizione e

continui a ripetere la tua posizione indipendentemente da ciò che dice l'altra persona.

- Esempio: il tuo capo ti chiede di venire a lavorare in un giorno in cui non puoi lavorare perché hai dei progetti con i tuoi figli. Glielo dici tu. Dice: "Ma la squadra ha davvero bisogno di te". Dici: "Lo capisco, ma ho dei progetti". Lui continua: "La tua revisione con il cliente è dietro l'angolo". risposta: "Lo capisco, ma ho dei progetti". Lui insiste: "Questo potrebbe non sembrare buono per l'alta dirigenza" e tu ripeti: "Lo capisco, ma ho dei piani".

- Spesso, trovo che la parola "indipendentemente" possa essere molto utile con le persone che sono molto manipolatrici. Ti verranno in mente 200 buoni motivi per cui dovresti fare le cose a modo loro. "Comunque, ho dei progetti e non posso lavorare quel giorno." "Indipendentemente da ciò" ha una quantità sorprendente di potere assertivo.

7. **Le 5 Fasi - Una variazione sulla tecnica del disco rotto:**

- Fase 1: dichiari la tua risposta. Ad esempio, "Mi dispiace, ma non posso lavorare sabato questa settimana".

- Fase 2: la persona chiede di nuovo e quindi ribadisci la tua risposta: "Mi dispiace, ma non posso lavorare sabato questa settimana".

- Fase 3: la persona chiede di nuovo (con modi più convincenti), ma ora dici: "Ti ho già detto due volte che non posso lavorare sabato questa settimana e se me lo chiedi di nuovo, dovrò terminare questa conversazione. " (Usa discrezione quando lo usi con il tuo capo, per esempio.)

- Fase 4: la persona chiede di nuovo comunque. "Me l'hai chiesto di nuovo, quindi temo di dover terminare questa conversazione."

- Fase 5: termina la conversazione.

8. **Appannamento:** Questa può essere una tecnica molto disarmante e può essere utilizzata in molti modi. Per prima cosa, trovi e sei d'accordo con qualsiasi verità nell'affermazione dell'altra persona (che è estremamente disarmante) e poi prosegui per esprimere il tuo punto. Questa è un'altra delle tecniche di assertività più famose.

- Esempio: "Sei in ritardo al lavoro ogni giorno!" Risposta annebbiata: "Sono sicuro e avevo intenzione di discuterne con te. Il mio orario di inizio coincide con un enorme ingorgo nel mio quartiere e con la costruzione di strade. Mi chiedo se potrei iniziare forse un'ora dopo in modo da essere puntuale e arrivare meno stressato! "

- Esempio: "Non puoi restituire quelle scarpe. Sono state indossate. " Risposta appannamento: "Sì. Le ho indossate per un giorno. Sfortunatamente, un giorno è bastato che il tallone mi facesse male, il che è, a mio parere, semplicemente inaccettabile ed è per questo che mi aspetto un rimborso ".

9. **Pratica:** L'assertività potrebbe non venirti naturale. In caso contrario, è importante che ti eserciti a essere assertivo. Come potresti farlo?

- o Se si è verificata una situazione in cui vorresti essere stato più assertivo, considerala un'esperienza di apprendimento. Senza giudicare, rivedi cosa è successo. Se accadesse di nuovo, cosa diresti? Scrivilo ed esercitati a dirlo davanti allo specchio finché non diventa naturale. L'obiettivo qui non è prenderti a calci per quello che non hai detto, ma imparare per la prossima volta e credici, c'è sempre una prossima volta.

- o Di 'ai tuoi amici intimi che stai lavorando per essere più assertivo ed esercitati su di loro, sia nel gioco di ruolo che quando si presentano situazioni: questo potrebbe essere più facile che essere assertivo con la famiglia o in situazioni lavorative e pone le basi per essere più assertivo.

○ Esercitati con queste tecniche davanti a uno specchio con vari scenari che vengono in mente dalla tua immaginazione o dalla vita reale. Pensa a quale potrebbe essere la risposta dell'altra persona. Cosa potresti dire per rispondere in modo assertivo?

Diario di assertività

Mentre impari ad essere assertivo, pensiamo che sarebbe utile avere un quaderno o un diario (o un file al computer) dedicato al tuo apprendimento e alle tue esperienze con l'assertività. Imparare a essere più assertivi non è un processo dall'oggi al domani. Ci vuole tempo per affinare le abilità e potresti scoprire di essere più assertivo in una situazione come con la tua famiglia che in un'altra come al lavoro (o potrebbe essere al contrario). È qui che ti aiuterà tenere un diario di assertività - ti aiuterà a vedere dove sei assertivo e dove devi lavorare.

Sii paziente con te stesso

Non essere frustrato da un lento successo. Ci possono essere momenti in cui sei passivo, aggressivo o passivo-aggressivo. Annotali nel tuo diario e cerca di capire le circostanze che li circondano senza giudicare. In questo modo, puoi imparare a migliorare.

“ALLORA HO FATTO QUELLO CHE SAPEVO FARE. ORA CHE SO MEGLIO, FACCIO MEGLIO "

- MAYA ANGELOU

Le tecniche di assertività possono essere un modo meraviglioso per costruire ponti tra le persone. Sfortunatamente, molti di noi sono stati cresciuti con stili di comunicazione passivi, passivo-aggressivi o aggressivi. Può quindi essere difficile imparare le tecniche di assertività. Questo è un nuovo modo di comunicare in cui non c'è "vincitore" o "perdente". Piuttosto, ogni persona è in grado di esprimere i propri bisogni e negoziare un modo per soddisfarli nel modo migliore per tutte le parti. Questo è l'obiettivo della comunicazione assertiva.

LE 7 ABITUDINI DI UNA COMUNICAZIONE ALTAMENTE EFFICACE

Quando Stephen R. Covey scrisse The 7 Habits of Highly Effective People nel 1989, creò una serie di linee guida positive senza tempo che potevano essere utilizzate in qualsiasi situazione da qualsiasi persona per vivere una vita completa, soddisfatta e felice. Questi principi possono essere applicati all'assertività.

Potresti chiederti perché l'assertività è così importante. La risposta breve è che la comunicazione assertiva è il modo più efficace di comunicare e le capacità di comunicazione sono le più cruciali per diventare un grande leader. Sì, a volte abbiamo leader aggressivi, ma alla fine perdono i loro seguaci. Per avere successo a lungo termine è necessario avere seguaci volenterosi e non timorosi.

La comunicazione assertiva è un'abilità e deve essere praticata come qualsiasi altra abilità. Se pratichi abbastanza a lungo e intensamente, diventerà un'abitudine che sarai in grado di praticare senza un pensiero cosciente.

Forse sei già un comunicatore assertivo. Ripensa alla tua ultima conversazione e verifica se le tue parole e azioni corrispondono alle 7 abitudini descritte qui.

Abitudine 1 - Sii proattivo

Prendi la decisione. Sei responsabile dei tuoi sentimenti e delle tue azioni.

Le conversazioni non sono qualcosa che ti accade semplicemente. Sei una parte attiva della conversazione e responsabile del buon esito. Nessuno può farti arrabbiare con te stesso se non gli dai il permesso di farlo.

Se le tue conversazioni sono meno che stellari, assumiti la responsabilità di avere conversazioni migliori. Non cercare il problema nell'altra persona, inizia a cercare la soluzione in te stesso. Esamina come rispondi agli altri. C'è sempre un modo per rispondere in modo assertivo. Potrebbe non essere ovvio o facile, ma ci sarà. Se agisci in modo proattivo, anticiperai il risultato di una conversazione e lo guiderai nella giusta direzione. Il mondo non ti succede, tu capiti al mondo. Come sono le tue conversazioni? Stai reagendo agli altri o sei proattivo?

Abitudine 2 - Inizia con la fine in mente

Stabilisci i tuoi confini. Visualizza te stesso come assertivo.

Molto spesso abbiamo conversazioni insoddisfacenti sullo stesso argomento o su uno simile con la stessa persona. Sappiamo quale sarà il risultato prima ancora di iniziare a parlare con loro.

Per utilizzare questa seconda abitudine, dobbiamo sapere quale sarà il risultato. Forse vuoi dire di no a qualche compito o a svolgere determinate ore di straordinario, ma sai che normalmente ti arrendi ogni volta che ti viene chiesto. Per prepararti devi stabilire i confini prima che avvenga la conversazione. Decidi in anticipo se sei disposto a lavorare nei fine settimana. Quante volte? Per quanto? Prendere la decisione e stabilire i confini prima della conversazione renderà più facile rispondere in modo assertivo alle richieste.

Abitudine 3 - Metti le tue cose al primo posto

Conosci i tuoi valori e le tue priorità.

Quali sono le cose più importanti nella tua vita? Quali sono i valori secondo i quali vivi? A volte siamo così impegnati che dimentichiamo chi siamo e cosa è importante per noi. Passa un po' di tempo a riflettere sulle priorità della tua vita e sui valori che contano per te. Concentrati su questi.

Trascorri troppo tempo su e-mail e social media e non abbastanza con amici e familiari? Una volta che sappiamo quali sono le nostre priorità, dovremmo dedicare la maggior parte del nostro tempo alle cose importanti. Quell'e-mail o notifica può sembrare urgente, ma è importante? Quando sarai chiaro sui tuoi valori, sarai in grado di vivere questi valori. Per essere assertivo devi incorporare il rispetto come uno dei tuoi valori. Non solo rispetto per gli altri, ma rispetto per te stesso. L'assertività senza rispetto non è altro che aggressività.

Abitudine 4 - Pensa in modo vincente

Pari bisogni. Equilibrio.

L'assertività non riguarda la vittoria. La comunicazione assertiva riguarda il mantenimento dell'equilibrio. Hai dei bisogni, l'altra persona ha dei bisogni ed entrambi siete ugualmente importanti. Non cadere nella trappola di pensare che l'anzianità, la posizione o il denaro renda i bisogni di una persona più importanti di quelli dell'altro. Di nuovo, se usi la forza in qualche modo per costringere qualcuno a fare qualcosa, allora stai agendo in modo aggressivo e non sei assertivo. Se sei dall'altra parte della scala e continui a cedere e ad essere sottomesso, ti ritroverai a provare risentimento e potresti rivolgerti a un comportamento aggressivo passivo in cui inizi a minare l'altra persona.

Discuti per vedere come entrambi potete soddisfare le vostre esigenze mantenendo i vostri valori e avendo una conversazione rispettosa. A volte l'urgenza e l'importanza del bisogno dell'altra persona sono più alte delle tue e per mantenere l'equilibrio potresti dover cedere. Consenti ai tuoi confini di cambiare, ma non ai tuoi valori.

Abitudine 5 - Cerca prima di capire, poi di essere capito

Empatia. Ascolto attivo.

Se ti senti inascoltato, come se nessuno ti ascoltasse, potrebbe essere vero il contrario. Può essere che tu sia la persona che non ascolta? La maggior parte di noi pensa di essere buoni ascoltatori, ma semplicemente capire le parole che qualcuno dice, non significa che tu capisca il significato dietro quelle parole. È stato scritto molto sull'intelligenza emotiva e la chiave per questo è ascoltare con empatia.

Per mostrare empatia non è necessario essere d'accordo con una persona o addirittura come loro. Tutto quello che devi fare è capire da dove vengono. Puoi ancora trovare qualcosa da rispettare in qualsiasi persona anche quando sei totalmente in disaccordo con ciò che sta dicendo. Per affermare te stesso devi prenderti il tempo per assicurarti di capire l'altra persona. Così spesso facciamo supposizioni sul significato dietro le parole di qualcuno e quasi altrettanto spesso arriviamo a conclusioni sbagliate. Il modo più efficace per sapere cosa pensa e sente qualcuno è chiederglielo. Prima di pensare al peggio, fermati e chiedi. Poni domande aperte in modo non minaccioso e non giudicante per ottenere i migliori risultati.

Quando l'altra persona sente che hai capito il suo punto di vista, è quando è pronta ad ascoltarti. Trova il tempo per avere una vera conversazione e scoprirai che gli altri inizieranno ad ascoltarti.

Abitudine 6 - Sinergia

Trova la soluzione migliore.

Cerca le aree in cui puoi essere d'accordo con l'altra persona piuttosto che concentrarti sulle aree di disaccordo. Ci sono sempre più opzioni, puoi essere positivo o negativo, puoi collaborare o essere distruttivo. Trova i modi in cui puoi lavorare con l'altra persona per trovare nuove alternative.

Quando diventi difensivo o polemico durante una conversazione, smetti di ascoltare il punto di vista dell'altra persona e diventi egoisticamente ossessionato dalle tue opinioni. Cerca di sospendere il giudizio e trova quelle aree di accordo così come i modi in cui puoi rispettare l'altra persona.

Mantieni un linguaggio positivo e scoprirai che le tue comunicazioni diventeranno meno stressanti e avranno risultati migliori. Ricorda che non si tratta di arrendersi, si tratta di formulare le tue richieste in modo tale che possano essere ascoltate. Quando si dà un feedback a un altro è meglio non essere critici nei confronti della persona, ma solo del comportamento. Fai finta di ricevere le tue richieste o commenti di feedback e poi immagina come risponderesti. Se ti senti irrigidito, devi riformulare quello che stai per dire.

Abitudine 7 - Affila la tua performance

Continua a esercitarti.

Essere assertivi non è così facile come potrebbe sembrare. A volte potresti essere stanco e frustrato e avere voglia di scagliarti contro qualcun altro. A volte parli senza pensare e dici la cosa sbagliata. A volte sembra che nulla di ciò che fai abbia risultati positivi.

La chiave è prendersi una pausa, mantenere la calma, respirare profondamente e riprovare. Le abilità richiedono tempo per essere apprese e le abitudini non vengono create la prima volta che ci provi. Quando commetti un errore, non sentirti in colpa, chiedi scusa per l'errore e ricomincia. Più pratichiamo più otteniamo risultati migliori, ma allo stesso tempo non possiamo andare avanti senza ricaricare. Dobbiamo fare un passo indietro, riflettere su cosa funziona e cosa può essere migliore, e poi prepararci per il prossimo tentativo di essere un comunicatore altamente efficace.

Abitudine 8 - Trova la tua voce e ispira gli altri a trovare la loro

Sì, lo sappiamo di aver detto 7 abitudini, ma questo è un bonus.

Trovare la tua voce riguarda innanzitutto la consapevolezza di sé. Diventa consapevole delle volte in cui non stai comunicando in modo efficace e lavora per migliorare ogni giorno. Più ti eserciti, più diventa facile comunicare in modo assertivo. Quando avrai raggiunto un alto livello di abilità, diventerai un modello per gli altri, ispirandoli a voler emulare il tuo modo di comunicare. Potresti anche trovarti avvicinato da altri che chiedono consigli su come comunicare. Con tutti i mezzi, fallo. Buona comunicazione.

Come avere più fiducia in sé

"UNA VOLTA CHE CREDIAMO IN NOI STESSI, POSSIAMO RISCHIARE LA CURIOSITÀ, LA MERAVIGLIA, IL PIACERE SPONTANEO O QUALSIASI ESPERIENZA CHE RIVELA LO SPIRITO UMANO"

Una delle cose che ci ha trattenuto per molti anni dal perseguire i nostri sogni è stata la paura del fallimento ... e la mancanza di fiducia in noi stessi di cui avevamo bisogno per superare quella paura.

È qualcosa che tutti dobbiamo affrontare, in una certa misura. La domanda chiave è: come superare quella paura?

Lavorando sulla tua autostima e fiducia. Senza pensarci troppo in questi termini, è quello che abbiamo fatto negli anni, ed è quello che ci ha aiutato finalmente a superare le nostre paure e a perseguire i nostri sogni.

Per inciso, sappiamo che alcune persone fanno una netta distinzione tra autostima e fiducia in se stessi. In questo capitolo, li usiamo in modo intercambiabile, anche se c'è una differenza sottile ma forse importante ... la differenza è se credi di essere degno del rispetto dagli altri (autostima) e se credi in te stesso (fiducia in te stesso). Alla fine, entrambe equivalgono alla stessa cosa e, alla fine, le azioni che menzioniamo di seguito danno una spinta sia all'autostima che alla fiducia in se stessi.

Prendere il controllo della propria autostima

Se si ha poca fiducia in se stessi, è possibile fare cose che la cambieranno? La tua fiducia in te stesso è nel tuo controllo?

Anche se potrebbe non sembrare così, se hai poca fiducia in te stesso, crediamo fermamente che tu possa fare cose per aumentare la tua autostima. Non è genetico e non devi fare affidamento sugli altri per aumentare la tua autostima. E se credi di non essere molto competente, non molto intelligente, non molto attraente, ecc ... questo può essere cambiato.

Puoi diventare qualcuno degno di rispetto e qualcuno che può perseguire ciò che vuole nonostante il rifiuto degli altri.

Puoi farlo prendendo il controllo della tua vita e prendendo il controllo della tua autostima. Facendo azioni concrete che migliorano la tua competenza, la tua immagine di te, puoi aumentare quella fiducia in te stesso, senza l'aiuto di nessun altro.

Di seguito, descriviamo 23 cose che ti aiuteranno a farlo:

1. Preparati. Sembra così ovvio, ma è incredibile quanta differenza possono fare una doccia e una rasatura nei tuoi sentimenti di fiducia e nell'immagine che hai di te stesso.

2. Vestiti bene. Un corollario del primo oggetto sopra, se ti vesti bene, ti sentirai bene con te stesso. Ti sentirai di successo, presentabile e pronto ad affrontare il mondo. Ora, vestirsi bene significa qualcosa di diverso per tutti, non significa necessariamente indossare un vestito costoso, ma potrebbe significare abiti casual che sono belli e presentabili.

3. Pensa positivo. Una delle cose che sa soprattutto chi corre frequentemente, è come sostituire i pensieri negativi (vedi punto successivo) con quelli positivi. Come posso effettivamente cambiare i miei pensieri e così facendo accadere grandi cose.

4. Uccidi i pensieri negativi. Va di pari passo con l'oggetto sopra, ma è così importante. Devi imparare a essere consapevole del tuo dialogo interiore, dei pensieri che hai su te stesso e di quello che stai facendo.

"CONOSCI TE STESSO E
VINCERAI TUTTE LE
BATTAGLIE"

- SUN TZU

5. Conosci te stesso. Quando va in battaglia, il generale più saggio impara a conoscere molto, molto bene il suo nemico. Non puoi sconfiggere il nemico senza conoscerlo. E quando cerchi di superare un'immagine negativa di te stesso e sostituirla con la fiducia in te stesso, il tuo nemico sei te stesso. Impara a conoscerti bene. Inizia ad ascoltare i tuoi pensieri. Inizia a scrivere un diario su di te e sui pensieri che hai e analizza il motivo per cui hai pensieri così negativi. E poi pensa alle cose belle di te stesso, alle cose che puoi fare bene, alle cose che ti piacciono. Inizia a pensare ai tuoi limiti e se sono limiti reali o solo quelli che hai permesso di posizionare lì, artificialmente. Scava in profondità dentro di te e ne uscirai (alla fine) con ancora maggiore fiducia in te stesso.

6. Agisci in modo positivo. Più che pensare positivo, devi metterlo in azione. L'azione, in realtà, è la chiave per sviluppare la fiducia in se stessi. Una cosa è imparare a pensare positivo, ma quando inizi a comportarti in base a ciò, cambi te stesso, un'azione alla volta. Sei quello che fai, quindi se cambi quello che fai, cambi quello che sei. Agisci in modo positivo, agisci invece di dire a te stesso che non puoi, sii positivo. Parla alle persone in modo positivo, metti energia nelle tue azioni. Presto inizierai a notare una differenza.

7. Sii gentile e generoso. Se questo è troppo banale per te, vai avanti. Ma per il resto di voi, sappiate che essere gentili con gli altri e generosi con voi stessi, il vostro tempo e quello che avete, è un modo straordinario per migliorare la vostra immagine di voi stessi. È agire in conformità con questa regola che si inizia a sentirsi bene con se stessi, e pensare che si è una brava persona. Fa miracoli per la tua autostima.

"UNA CHIAVE IMPORTANTE PER IL SUCCESSO È LA FIDUCIA IN SE STESSI. UNA CHIAVE PER LA FIDUCIA IN SE STESSI È LA PREPARAZIONE"

- ARTHUR ASHE

8. Preparati. È difficile avere fiducia in te stesso se non pensi che farai bene qualcosa. Batti quella sensazione preparandoti il più possibile. Pensa a sostenere un esame: se non hai studiato, non avrai molta fiducia nelle tue capacità per superare bene l'esame. Ma se hai studiato, sei preparato e sarai molto più sicuro. Ora pensa alla vita come al tuo esame e preparati.

9. Conosci i tuoi principi e mettili in pratica. Quali sono i principi su cui è costruita la tua vita? Se noon lo sai, avrai problemi, perché la tua vita si sentirà senza direzione. Pensa ai tuoi principi, potresti averli ma forse non ci hai pensato molto. Ora pensa se vivi effettivamente questi principi o se ci credi ma non agisci in base a essi.

10. Parla lentamente. Una cosa così semplice, ma può avere una grande differenza nel modo in cui gli altri ti percepiscono. Una persona autorevole, dotata di autorità, parla lentamente. Mostra fiducia. Una persona che sente che non vale la pena ascoltare parlerà velocemente, perché non vuole che gli altri aspettino qualcosa di non degno di essere ascoltato. Anche se non senti la sicurezza di qualcuno che parla lentamente, prova a farlo un paio di volte. Ti farà sentire più sicuro.

Naturalmente, non portarlo all'estremo, ma non sembrare nemmeno affrettato.

11. Stai in piedi. Per inciso, le persone alte e sicure di sé sono più attraenti. Dare importanza alla postura.

12. Aumentare la competenza. Come ti senti più competente? Diventando più competenti. E come lo fai? Studiando e praticando. Basta fare piccoli pezzi alla volta. Se vuoi essere uno scrittore più competente, ad esempio, non provare ad affrontare l'intera professione di scrittore tutto in una volta. Inizia a scrivere di più. Diario, blog, scrivi racconti, fai un po' di scrittura freelance. Più scrivi, meglio sarai. Metti da parte 30 minuti al giorno per scrivere (ad esempio) e la pratica aumenterà la tua competenza.

13. Stabilisci un piccolo obiettivo e raggiungilo. Le persone spesso commettono l'errore di cercare immediatamente la luna, e poi quando falliscono, si scoraggiano. Invece, punta a qualcosa di molto più realizzabile. Stabilisci un obiettivo che *sai* di poter raggiungere e poi raggiungilo. Ti sentirai bene per questo. Ora stabilisci un altro piccolo obiettivo e raggiungilo. Più raggiungi piccoli obiettivi, meglio ci riuscirai e meglio ti sentirai. Presto stabilirai obiettivi più grandi (ma comunque raggiungibili) e raggiungerai anche quelli.

14. Cambia una piccola abitudine. Non grande, come smettere di fumare. Come scrivere le cose. O svegliarsi 10 minuti prima. O bere un bicchiere d'acqua quando ti svegli. Qualcosa di piccolo che sai di poter fare. Fallo per un mese.

15. Concentrarsi sulle soluzioni. Se ti lamenti o ti concentri sui problemi, cambia la tua attenzione ora. Concentrarsi sulle soluzioni invece che sui problemi è una delle cose migliori che puoi fare per la tua fiducia e la tua carriera.

16. Sorridi. Una piccola cosa che può avere una reazione a catena. Non è un cattivo investimento di tempo ed energia.

17. Volontariato. Correlato all'elemento "sii gentile e generoso" sopra, ma più specifico. Sarà uno dei momenti migliori che tu abbia mai trascorso e un incredibile vantaggio collaterale è che ti sentirai meglio con te stesso, all'istante.

18. Sii grato. Crediamo fermamente nella gratitudine. Darà una carica incredibile.

19. Esercizio. L'esercizio fisico è stata una delle attività più stimolanti che aiuta moltissimo a sentirsi meglio con se stessi.

20. Autorizza te stesso con la conoscenza. Dare potere a se stessi, in generale, è una delle migliori strategie per costruire la fiducia in se stessi. Puoi farlo in molti modi, ma uno dei modi più sicuri per potenziare te stesso è attraverso la conoscenza. Questo è sulla stessa linea di costruire competenza e prepararsi ... diventando più informato, sarai più sicuro ... e diventerai più informato facendo ricerca e studiando. Internet è un ottimo strumento, ovviamente, ma lo sono anche le persone intorno a te, le persone che hanno fatto quello che vuoi, i libri, le riviste e le istituzioni educative.

21. Fai qualcosa su cui hai procrastinato. Fallo per prima cosa al mattino e toglilo di mezzo. Ti sentirai benissimo con te stesso.

22. Diventa attivo. Fare qualcosa è quasi sempre meglio che non fare nulla. Certo, fare qualcosa potrebbe portare a degli errori ... ma gli errori fanno parte della vita. È come impariamo. Senza errori, non miglioreremmo mai. Quindi non preoccuparti per quelli. Fai solo qualcosa.

23. Lavora su piccole cose. Cercare di intraprendere un progetto o un'attività enorme può essere opprimente, scoraggiante e intimidatorio per chiunque, anche il migliore di noi. Invece, impara a rompere piccoli pezzi e lavorare a raffiche. Piccoli risultati ti fanno sentire bene e si sommano a grandi risultati. Impara a lavorare in questo modo tutto il tempo e presto sarai sicuro di te.

Come farsi sentire in ogni situazione

Molte persone soffrono di ansia sociale. Può corrompere il modo in cui vivi la vita e devi lottare per impedirlo. Ci sono così tante situazioni in cui potresti trarre vantaggio dal parlare per te stesso:

- Al lavoro.

- Durante le riunioni.

- Passare del tempo con gli amici.

- Famiglia.

Non c'è svantaggio nel dare voce alle tue preoccupazioni o anche solo esprimere te stesso, e se hai problemi a farlo, ecco 4 modi per migliorare.

1. Parla con fiducia

La fiducia è ciò che separa le persone che vogliono dalle persone che ottengono. È un attributo così prezioso, soprattutto quando cerchi di essere ascoltato.

Dovresti sempre cercare di parlare con sicurezza. Credi in quello che dici e parla a voce alta quanto ti serve per essere ascoltato. Nessun mormorio.

Ricorda di non balbettare o di usare parole come "forse" e "immagino". E non preoccuparti se non sei veramente sicuro di te stesso. La maggior parte delle persone intorno a te stanno già fingendo, quindi perché non partecipare?

La fiducia non dovrebbe essere facile. Dovrebbe essere qualcosa che costruisci nel tempo.

2. Parla dal tuo cuore

Puoi davvero credere in qualcosa se non viene dal tuo cuore? Quando parli, fallo dalla tua anima. Predica ciò in cui credi. È così che ti fai ascoltare dalle persone.

Se non t'interessa di cosa parli, le persone lo noteranno. Perché dovrebbero preoccuparsi di quello che dici se non lo fai? Ecco perché devi assicurarti che t'interessi prima di agire.

3. Non essere silenzioso

La cosa peggiore che puoi fare quando c'è qualcosa che vuoi dire è tacere. Le persone stanno in silenzio tutto il tempo perché pensano che nessuno voglia ascoltarlo.

Il silenzio è spesso associato alla conformità. Questo è ciò che fa credere agli altri che le persone tranquille saranno semplicemente d'accordo con qualsiasi cosa. Non lasciare che quelle persone facciano le stesse supposizioni su di te.

La parte peggiore è cosa succede quando sei rimasto in silenzio troppo a lungo. Le persone smetteranno di aspettarsi che tu parli. Presumeranno che tu non obietti a questo o quello, quindi lo faranno e ignoreranno completamente la tua opinione.

Rendi nota la tua presenza. Non lasciare che la gente pensi che quello che dici non abbia importanza.

4. Renditi conto che potresti parlare anche per altri

E se non sei l'unico che ha la tua opinione? E se le altre persone si sentissero allo stesso modo? Parlando, potresti anche parlare per altri. Potrebbero persino esserti grati per aver espresso la loro opinione per loro.

Questo vale soprattutto per cose come le riunioni di lavoro. Quando parli o fai un suggerimento, assicurati che sia quello che ritieni sia il migliore. Potresti essere responsabile di guidare l'azienda in una direzione migliore.

Puoi anche parlare quando *sai* che qualcuno ha qualcosa da dire ma si rifiuta di farlo. Difendere un amico o un collega è un modo per acquisire fiducia quando altrimenti non l'avresti avuta.

La vita è piena di situazioni in cui dovrai parlare per te stesso. Questa non è un'abilità che si applica solo a una o due aree. È qualcosa di cui avrai sempre bisogno, per ogni evenienza.

Consapevolezza di sé e controllo delle emozioni e della mente

Avere consapevolezza di sé significa avere una chiara realizzazione della tua personalità, inclusi i tuoi punti di forza e di debolezza, i tuoi pensieri e le tue convinzioni, le tue emozioni e le tue motivazioni.

Se sei consapevole di te stesso, è più facile per te capire le altre persone e rilevare come ti percepiscono.

Molte persone presumono di avere un sano senso di autocoscienza, ma è meglio guardare a una scala relativa per vedere dove si è rispetto agli altri. Essere consapevoli crea un'opportunità per apportare cambiamenti nel proprio comportamento e nelle proprie convinzioni.

Mentre sviluppi la consapevolezza di te, i tuoi pensieri e le tue interpretazioni personali inizieranno a cambiare. Nello stato mentale si altereranno anche le tue emozioni e aumenterà la tua intelligenza emotiva, che è un fattore importante per raggiungere il successo complessivo.

Imparare a diventare più consapevoli di sé è un primo passo nella creazione della vita che desideri. Ti aiuta a individuare quali sono le tue passioni ed emozioni e come la tua personalità può aiutarti nella vita.

Puoi riconoscere dove ti portano i tuoi pensieri e le tue emozioni e apportare le modifiche necessarie. Una volta che sarai consapevole dei tuoi pensieri, parole, emozioni e comportamento, sarai in grado di apportare cambiamenti nella direzione del tuo futuro.

In questo capitolo definiremo l'autoconsapevolezza e poi tratteremo otto azioni specifiche che puoi intraprendere per diventare più consapevole su base quotidiana.

Cos'è la consapevolezza di sé?

La consapevolezza di sé è stata teorizzata per la prima volta nel 1972 da Duval e Wicklund nel loro libro *A Theory of Objective Self-Awareness*. Questo libro sostiene che se focalizziamo la nostra attenzione interiormente su noi stessi, tendiamo a confrontare il nostro comportamento nel momento attuale con i nostri standard e valori generali. Questo innesca uno stato d'imparziale consapevolezza di sé.

In parole povere: la consapevolezza di sé può essere vista meglio dal punto di vista dello sviluppo personale. In genere significa avere una profonda comprensione dei tuoi valori, punti di forza, debolezza, abitudini e "il tuo perché ". Mentre accetti i tuoi difetti, sei anche costantemente concentrato su diverse strategie per l'auto-miglioramento.

Che relazione c'è tra la consapevolezza di sé e la costruzione di abitudini positive?

La consapevolezza di sé è un primo passo fondamentale per prendere il controllo della tua vita, creare ciò che vuoi e dominare il tuo futuro. Dove scegli di concentrare la tua energia, emozioni, personalità e reazioni determina dove andrai a finire nella vita.

Quando sei consapevole di te stesso, puoi vedere dove ti stanno guidando i tuoi pensieri e le tue emozioni. Ti consente inoltre di assumere il controllo delle tue azioni in modo da poter apportare le modifiche necessarie per ottenere i risultati desiderati.

Ciò può includere cambiamenti nelle tue emozioni, nel tuo comportamento o nella tua personalità. Finché non lo raggiungerai, avrai difficoltà a cambiare la direzione in cui ti sta portando la vita.

Come applicare la consapevolezza di sé a diverse carriere

Imparare a diventare più consapevoli di sé è un'abilità importante per molte carriere diverse. Ma qui ci sono alcune aree in cui lo sviluppo di questo tratto può avere un impatto positivo a lungo termine.

Comando

Non puoi essere un leader efficace senza essere in grado di rispondere a "cos'è l'autocoscienza?"

Fornisce la base necessaria per avere un carattere forte, creando la capacità di guidare con scopo, fiducia, autenticità e apertura. La consapevolezza di sé spiega i nostri successi e i nostri fallimenti, dandoci una chiara comprensione di chi siamo e di ciò di cui abbiamo più bisogno dalle altre persone per avere una vita di successo.

Offre inoltre ai leader l'opportunità di identificare eventuali lacune che potrebbero avere nella capacità di gestione e rivela le aree in cui sono efficaci e dove potrebbero aver bisogno di lavoro aggiuntivo.

Conoscere queste cose può aiutare i leader a prendere decisioni perspicaci e aumentare la loro efficacia nel motivare positivamente i propri dipendenti. Imparare a essere consapevoli di sé non è un processo semplice, ma farlo può migliorare le proprie capacità di leadership e portare a una cultura aziendale più solidale.

Lavoro sociale

Come assistente sociale, avere consapevolezza di sé è una parte importante della preparazione per incontrare i clienti nelle loro situazioni specifiche. Gran parte del processo per diventare un assistente sociale efficace consiste nel diventare consapevoli di sé. Questo può accadere con incontri con professori, compagni di classe e clienti che lavorano per sfidarci continuamente a essere consapevoli dei nostri sentimenti. Anche se questa non è una cosa facile da fare, è un risultato utile.

Gli assistenti sociali devono essere consapevoli dei propri pregiudizi quando hanno a che fare con i clienti in modo da poter assicurarsi di trattare tutti allo stesso modo.

Consulenza

La consapevolezza di sé interagisce con il processo terapeutico della consulenza. Quando si è in grado di acquisire una maggiore comprensione di se stessi attraverso l'input di un terapeuta, si conduce alla scoperta di sé.

La consulenza è un viaggio alla scoperta di sé, poiché si osservano i propri schemi di pensiero e come influenzano il loro umore e comportamento. Osservare i propri pensieri e sentimenti costruisce la conoscenza di sé, e farlo con un consulente fornisce un'opinione oggettiva durante l'osservazione.

Formazione scolastica

La consapevolezza di sé gioca un ruolo importante nell'istruzione perché aiuta gli studenti a concentrarsi su ciò che hanno bisogno di imparare. La capacità degli studenti di pensare al proprio pensiero aumenta con l'età. Quando gli insegnanti lavorano con gli studenti per insegnare loro a riflettere, monitorare e valutare se stessi, gli studenti sono in grado di diventare più autosufficienti, produttivi e flessibili.

Gli studenti migliorano la loro capacità di valutare le loro scelte e pensare alle loro opzioni, soprattutto quando la risposta corretta non è ovvia. Quando gli studenti hanno difficoltà a comprendere un concetto o un'idea, usano strategie riflessive per riconoscere le loro difficoltà e cercare di risolverle. Ciò fornisce anche agli studenti strumenti per riflettere su se stessi e crescere nelle loro vite emotive e sociali.

Assistenza infermieristica

La consapevolezza di sé viene utilizzata come strumento terapeutico per le relazioni infermiere-cliente. Un'infermiera consapevole di sé può fornire un ambiente terapeutico per prendersi cura del proprio paziente. Per questo motivo, si raccomanda che le scuole per infermieri insegnino agli studenti lo sviluppo e la comprensione di sé.

Sarebbe anche vantaggioso per gli infermieri professionisti essere in grado di ottenere aiuto e orientamento per continuare il processo di crescita durante la loro carriera.

COME DIVENTARE PIÙ CONSAPEVOLI DI SÉ PER TUTTA LA VITA

1. Guardati oggettivamente.

Cercare di vedere te stesso come sei veramente può essere un processo molto difficile, ma se fai gli sforzi giusti, conoscere il tuo vero sé può essere estremamente gratificante. Quando sei in grado di vedere te stesso in modo obiettivo, puoi imparare ad accettarti e trovare modi per migliorarti in futuro.

Allora, qual è un modo semplice per iniziare con questo?

- Cerca di identificare la tua attuale comprensione scrivendo le tue percezioni. *Queste possono essere cose che pensi di essere bravo a fare o che devi migliorare.* La chiave qui è capire cosa ti fa combattere, ma NON preoccuparti di confrontarti con gli altri.

- Pensa alle cose di cui sei orgoglioso o ai risultati che si distinguono davvero per tutta la vita.

- Pensa alla tua infanzia e a cosa ti rendeva felice allora. *Cosa è cambiato e cosa è rimasto uguale? Quali sono i motivi dei cambiamenti?*

- Incoraggia gli altri ad essere onesti con te su come si sentono e prendi a cuore quello che dicono.

Alla fine, uscirai con una nuova prospettiva su te stesso e sulla tua vita.

2. Tieni un diario.

Puoi scrivere di qualsiasi cosa nel tuo diario, anche se non è correlato ai tuoi obiettivi. Registrare i tuoi pensieri su carta aiuta a liberare la tua mente da quelle idee e la chiarisce per fare spazio a nuove informazioni. Prenditi del tempo ogni sera per scrivere nel tuo diario i tuoi pensieri e sentimenti, i tuoi successi e fallimenti per la giornata. Questo ti aiuterà a crescere e ad andare avanti nei tuoi risultati.

Mentre rifletti su di te, prenditi del tempo per pensare a come sei un leader e a come le persone che lavorano sotto di te probabilmente ti vedono. Pensa a cosa fai per aiutare altre persone e se puoi fare di più. Quali sono i tuoi valori e cosa è più importante per te in questo momento?

Registrare i tuoi pensieri su carta aiuta ad alleviare la tua mente e la schiarisce per fare spazio a nuove informazioni e idee.

Tutte queste domande di auto-riflessione ti aiuteranno a farti un'idea migliore di chi sei e di cosa vuoi dalla vita in questo momento.

3. Annota i tuoi obiettivi, piani e priorità.

Pianifica i tuoi obiettivi in modo che si trasformino da idee in un processo graduale. Suddividi il tuo obiettivo più grande in mini-obiettivi in modo che sembri meno opprimente e affrontalo a testa alta.

4. Esegui l'auto-riflessione quotidiana.

Per avere consapevolezza di sé, devi riflettere su te stesso. Ciò richiede un po' di tempo, si spera ogni giorno, per considerare onestamente te stesso come una persona e un leader. Impegnarti in questa pratica può aiutarti a migliorare.

Nel nostro esigente mondo degli affari, l'auto-riflessione quotidiana è più facile a dirsi che a farsi. C'è sempre la pressione per fare di più con meno e un flusso infinito di informazioni attraverso la nostra tecnologia portatile.

Poiché ci vuole tempo per riflettere su se stessi, inizia mettendo da parte solo 15 minuti ogni giorno. L'auto-riflessione è più efficace quando usi un diario e scrivi i tuoi pensieri. È anche meglio trovare un posto tranquillo per pensare.

5. Pratica la meditazione e altre abitudini di consapevolezza.

La meditazione è la pratica per migliorare la tua consapevolezza. La maggior parte dei tipi di meditazione si concentra sul respiro, ma non tutta la meditazione e la consapevolezza non devono essere formali. Puoi trovare maggiore chiarezza anche nei momenti regolari di riflessione.

Durante le tue meditazioni, potresti soffermarti a pensare ad alcune domande specifiche.

- Qual è il tuo obiettivo?

- Cosa stai facendo che sta funzionando?

- Cosa stai facendo che ostacola il tuo successo?

- Come puoi cambiare il tuo processo per migliorarlo?

Praticare la meditazione e altre abitudini di consapevolezza ti aiuta a trovare maggiore chiarezza e consapevolezza di sé.

Una delle forme più frequenti di meditazione che potresti praticare deriva dallo svolgere attività quotidiane che ti danno un senso di serenità terapeutica e ti permettono di concentrarti sul momento presente, come lavare i piatti, andare a correre e andare in chiesa.

Imparare a essere più consapevoli può essere una sfida per molte persone, specialmente in questo mondo frenetico.

6. Fai test di personalità e psicometrici.

Fai test della personalità e psicometrici per capire quali sono i tuoi tratti. Alcuni test popolari che mirano ad aumentare la consapevolezza di sé includono il test di Myers-Briggs e l'indice predittivo.

Non ci sono risposte giuste o sbagliate a questi test. Invece, costringono gli intervistati a pensare a una serie di tratti o caratteristiche che li descrivono da vicino rispetto ad altre persone.

7. Chiedi ad amici fidati di descriverti.

Come dovremmo sapere cosa pensano gli altri di noi? Dobbiamo ascoltare il feedback dei nostri colleghi e mentori e lasciare che interpretino il ruolo di uno specchio onesto. Dillo ai tuoi amici quando cerchi prospettive aperte, oneste, critiche e obiettive. Consenti ai tuoi amici di sentirsi al sicuro mentre ti danno una visione informale ma onesta.

Assicurati che i tuoi amici sappiano che lo stanno facendo per aiutarti, non per ferirti. Inoltre, sentiti libero di fare domande ai tuoi amici sugli argomenti che sollevano se ritieni di aver bisogno di maggiore chiarezza per capire completamente.

Puoi anche chiedere agli amici di portarlo alla tua attenzione quando stai facendo qualcosa che sai di voler cambiare. Ad esempio, se sai che tendi a "mettere in secondo piano" le persone quando raccontano storie, chiedi ai tuoi amici di farti sapere con discrezione che sta accadendo in modo che tu possa imparare a smetterla.

Chiedi ad amici fidati di descriverti. Consenti ai tuoi amici di sentirsi al sicuro mentre ti danno una visione informale ma onesta.

8. Chiedere feedback al lavoro.

Oltre a consultare amici e familiari, utilizza un processo più formale al lavoro per ottenere feedback. Se la tua azienda non fornisce un modo strutturato per farlo, prova a implementarne uno. A condizione che sia costruttivo e ben fatto, avere un'opzione per un feedback formalizzato ci consente di riflettere su noi stessi sui nostri punti di forza e di debolezza.

Per avere un efficace sistema di feedback formale al lavoro, è necessario un processo adeguato e un manager efficace. Una volta che il processo di feedback è terminato, è importante rifletterci sopra scrivendo i tuoi punti salienti. Annota tutti i punti di forza e di debolezza sorprendenti che non ti rendevi conto di avere prima.

Ci vorrà un po' di tempo per aumentare la tua consapevolezza di sé e conoscerti meglio. Possono anche volerci anni e il contributo di molte persone intorno a te. Costruire le abitudini lavorative necessarie per aiutarti a diventare più consapevole può avere un impatto positivo su altri aspetti della tua vita, in particolare sulle tue relazioni interpersonali.

Non è facile sviluppare questo livello d'introspezione. La maggior parte delle persone ha paura di essere veramente onesta con se stessa riguardo ai propri punti di forza, debolezza e sfide attuali. Ma se metti in pratica le otto idee che abbiamo delineato in questo capitolo, svilupperai un livello di autoconsapevolezza che ti aiuterà a crescere come persona.

Come controllare le emozioni e la mente

Sei una persona che ha difficoltà a riprendersi dopo che si è verificato un evento inaspettato nella tua vita? Forse è la perdita di una persona cara, un lavoro, un fallimento o qualsiasi problema che semplicemente non hai compreso.

Forse non ti senti a tuo agio nell'incontrare nuove persone o solo il pensiero ti rende ansioso.

Forse sei costantemente etichettato come insensibile, iperattivo o qualcuno con mancanza di concentrazione.

Quello che sappiamo è che tutti noi abbiamo alcuni problemi che vorremmo poter controllare per vivere la vita che vogliamo veramente.

Il più delle volte, questi cadono sotto l'enorme ombrello delle emozioni. Le emozioni giocano un ruolo fondamentale nelle nostre prestazioni e produttività.

Se le tue emozioni t'impediscono di ottenere qualcosa o intralciano la tua relazione, allora vale la pena fare una rapida riflessione e adattarti necessariamente.

Come ha detto Oscar Wilde nel libro The Picture of Dorian Gray:

"NON VOGLIO ESSERE IN
BALIA DELLE MIE EMOZIONI.
VOGLIO USARLE, GODERMELE
E DOMINARLE. "

Cosa ci dicono più di trent'anni di ricerca sulle emozioni

Per anni gli psicologi cognitivi hanno pensato che l'emozione interrompesse la funzione cognitiva. Ma gli oltre trent'anni di ricerche condotte dal neuroscienziato Richard Davidson hanno mostrato una conclusione diversa. Ha eseguito diversi esperimenti, studi e ha continuato a rifarli man mano che si presentavano le ultime tecnologie. Ha continuato a discutere questi risultati nel suo libro The Emotional Life of Your Brain.

Il dottor Davidson ha trovato scoperte sorprendenti sulle emozioni:

Primo: i circuiti del cervello emotivo spesso si sovrappongono a quelli del cervello razionale e pensante.

Secondo: ogni persona ha un profilo emotivo unico proprio come noi abbiamo la nostra impronta digitale unica.

Terzo: il nostro stile emotivo è il risultato dell'attività cerebrale stabilita nei nostri primi anni dai geni che abbiamo ereditato dai nostri genitori e dalle esperienze che abbiamo.

Può essere molto preoccupante scoprire che le nostre emozioni sono effettivamente influenzate dai nostri geni. Significa che non possiamo cambiarlo?

La buona notizia è che:

"Il circuito emotivo nel cervello non è fisso per sempre."

Pertanto, con un po' di esercizio e coerenza, puoi regolare le connessioni neurali delle tue emozioni.

Il dottor Davidson ha identificato sei stili emotivi che si riferiscono al modo coerente di rispondere a ciò che ti accade. È giunto a queste conclusioni perché il suo team ha scoperto circuiti cerebrali specifici e identificabili attraverso diverse procedure di laboratorio che hanno eseguito.

Come spiega il dottor Davidson:

"Tutto ciò che ha a che fare con il comportamento umano, i sentimenti e il modo di pensare nasce dal cervello, quindi qualsiasi classificazione valida deve essere basata anche sul cervello".

Ha identificato i sei stili emotivi come:

- Resilienza
- Intuizione sociale
- Autocoscienza
- Prospettiva
- Sensibilità al contesto
- Attenzione

Ogni dimensione è come un continuum. Alcune persone sono agli estremi (troppo positivi o troppo negativi) e alcuni cadono nel mezzo. Non c'è un lato migliore. Dipende solo da come il tuo stile emotivo sta influenzando la tua vita. Ovunque tu sia nel continuum determinerà il tipo di intervento di cui hai bisogno.

I SEI STILI EMOTIVI CHE CORRONO NEL TUO CERVELLO E COME DOMARLI

1. Sfida l'accuratezza dei tuoi pensieri

La resilienza mostra se ti alzi facilmente dopo una grave battuta d'arresto nella vita o ti rannicchi nella miseria. Alcuni eventi richiedono tempo per riprenderci, come quando muore qualcuno che amiamo. Ma se il recupero impedisce il modo in cui agisci nella vita, allora devi fare qualcosa al riguardo.

Le persone che sono veloci a recuperare hanno una forte attivazione nella corteccia prefrontale sinistra e una forte connessione con l'amigdala. L'opposto accade quando si è lenti a recuperare.

La corteccia prefrontale sinistra è coinvolta nella promozione di sentimenti positivi e aiuta a inibire le emozioni negative generate da alcune strutture limbiche come l'amigdala.

L'amigdala è responsabile della rilevazione della paura e della preparazione alle emergenze. È anche associato al condizionamento della paura perché immagazzina ricordi di eventi e li collega a eventi futuri. L'iperattività dell'amigdala è stata collegata alla paura e ai disturbi d'ansia.

Se pensi di essere molto lento nel recupero, devi aumentare l'attività nella corteccia prefrontale. Inizia con un semplice esercizio come la consapevolezza del respiro e sii più consapevole delle altre cose buone che ti accadono.

Quando lo fai, rafforzi la connessione tra la corteccia prefrontale e l'amigdala che promuove l'equilibrio delle tue emozioni.

Il dottor Davidson incoraggia anche l'addestramento alla rivalutazione cognitiva in cui si riformula un'avversità che non è così estrema come dovrebbe essere. Egli ha detto:

"Piuttosto che considerare l'errore come rappresentativo del tuo lavoro, sei addestrato a capire che si trattava di un'anomalia e che sarebbe potuta accadere a chiunque. Sfidando l'accuratezza dei tuoi pensieri, la valutazione cognitiva può aiutarti a riformulare le cause del tuo comportamento e l'angoscia ".

2. Sii più abile nel leggere il linguaggio del viso e degli occhi

L'intuizione sociale mostra quanto sei bravo a cogliere i segnali sociali. Noti spesso segnali sociali di altre persone. È come se potessi capirli solo dal loro linguaggio del corpo.

Una persona che si trova all'estremo positivo dell'intuizione sociale mostra un alto livello di attivazione fusiforme e un'attività dell'amigdala da bassa a moderata.

Il giro fusiforme è stato collegato a percorsi neurali coinvolti nel riconoscimento e nella decifrazione dei volti. Il basso livello di attivazione nell'area fusiforme è caratterizzato dall'incapacità di stabilire un contatto visivo e difficoltà a identificare quale emozione sta trasmettendo un viso.

Per migliorare la tua intuizione sociale, devi impegnare fortemente il tuo fusiforme. Presta attenzione alle reazioni e alle espressioni degli altri. Un modo per farlo è tramite "people watching".

Esci, concentrati su poche persone e osserva i loro volti, le reazioni e il linguaggio del corpo. Cerca di prevedere cosa faranno dopo in base ai loro movimenti ed espressioni. Puoi avvicinarti abbastanza da sentirli per vedere se le tue previsioni sono corrette.

Presta attenzione anche agli occhi delle persone perché segnala il loro vero stato emotivo. Il dottor Davidson ha detto:

"Rendendoti più abile nel leggere il linguaggio dei volti e degli occhi, questo addestramento dovrebbe anche indurti a fissarti di più su di loro, se non altro perché ora sono più significativi e interessanti per te."

3. Tenere la mente da creare false conclusioni

La consapevolezza di sé si riferisce a quanto sei ben consapevole dei segnali del tuo corpo, delle emozioni e di ciò che ti dicono.

Alcune persone negano di provare stress e ansia anche quando i loro corpi stanno già mostrando questi segni. Non è perché mentono consapevolmente su di loro, ma la ricerca mostra che sono davvero ignari di ciò che sta accadendo dentro di loro.

L'insula, una porzione della corteccia cerebrale, contiene quella che viene chiamata la mappa viscerotopica del corpo. Riceve segnali dagli organi viscerali e invia segnali agli organi istruendoli su cosa fare, come aumentare la frequenza cardiaca o inspirare rapidamente.

Avere un alto livello di autoconsapevolezza a volte può causare disturbi di panico. Ad esempio, quando hai notato un improvviso aumento della frequenza cardiaca, lo interpreti automaticamente come un segno di problemi cardiaci.

Il dottor Davidson suggerisce ciò che chiamiamo "riformulazione cognitiva" in cui impari a riformulare i segnali del tuo corpo interno in modo positivo invece di trattarli come un pericolo. La chiave è impedire alla tua mente di creare false conclusioni immediate su ciò che senti. Egli ha detto:

"L'idea è di alterare la tua relazione con i tuoi pensieri, emozioni e sensazioni corporee in modo da non rimanere impigliato in un ciclo infinito e auto-rinforzante e saltare alla conclusione che alcuni aspetti di ciò che stai provando presagiscono al destino."

4. Allena il tuo cervello affinché il tuo futuro immaginato arriverà

Si riferisce a quanto tempo puoi sostenere un'emozione positiva. Se per lo più mantieni un alto livello di energia anche durante i momenti difficili, sei nell'estremo positivo dello stile di prospettiva.

Una persona con una prospettiva altamente positiva ha un'elevata attività nella corteccia prefrontale e nello striato ventrale che elabora il senso di ricompensa. Se sei sul lato negativo dello stile di prospettiva, mostri una bassa attività e connessioni più deboli tra la corteccia prefrontale e lo striato ventrale.

Se vuoi passare al lato positivo, supporta la tua corteccia prefrontale pianificando. Poiché i processi dello striato ventrale ricompensano, cerca le situazioni che t'inducono a cedere a una ricompensa immediata, quindi resisti.

Ad esempio, devi finire qualcosa, ma il letto ti sta tentando di dormire. Pianifica in anticipo come combattere questa tentazione. Per sostenere il tuo striato ventrale, identifica la ricompensa maggiore. Se cedi al sonno, ti riempirai più tardi per finire il tuo lavoro. Ma se finisci il tuo lavoro, puoi ricompensarti del sonno di cui hai bisogno per quanto tempo desideri che sia.

Dopo aver terminato il compito, devi davvero ricompensarti. Questo allena il tuo cervello a credere che il tuo futuro immaginato alla fine arriverà.

5. Riduci al minimo i diversi contesti in cui ti trovi

La sensibilità al contesto si riferisce a come regoli le tue risposte in base al contesto in cui ti trovi.

Hai un'elevata sensibilità al contesto quando sei molto interessato a come ti comporti fuori e cambi il modo in cui agisci in base a dove ti trovi. Sei come un camaleonte. Ti adatti facilmente dove sei. L'unica conseguenza di ciò, è che perdi traccia di te stesso perché spesso modifichi il tuo comportamento.

Le persone che sono molto sintonizzate sul contesto hanno forti connessioni dall'ippocampo alle aree della corteccia prefrontale che controlla le funzioni esecutive. Le persone che non sono attive o che non sono molto sensibili al contesto hanno connessioni più deboli.

L'ippocampo è principalmente associato all'elaborazione dei ricordi. Il dottor Davidson e il suo team hanno scoperto che l'ippocampo anteriore è anche coinvolto nella regolazione dell'inibizione comportamentale in risposta a diversi contesti.

Se continui a modificare il tuo comportamento in modo che diventi confuso, minimizza i diversi contesti in cui ti trovi. Questo ti limiterà dal cambiare costantemente la tua risposta alle situazioni. Partecipa a eventi in cui ci sono molte persone che conosci e dove puoi sentirti a tuo agio con chi sei veramente.

6. Sii consapevole di quello che succede intorno a te

Saresti sorpreso che l'attenzione sia inclusa negli stili emotivi. L'attenzione mostra quanto è nitida la tua attenzione.

Se sei troppo concentrato, hai una maggiore attivazione nella corteccia prefrontale e parietale che forma un circuito per l'attenzione selettiva. La corteccia parietale punta la tua attenzione su un bersaglio specifico mentre la corteccia prefrontale mantiene quell'attenzione.

Se sei poco concentrato, la tua corteccia prefrontale è poco attiva, il che ti fa saltare da uno stimolo all'altro.

Per migliorare la tua concentrazione, riduci al minimo le distrazioni per aiutarti a occuparti delle cose importanti. Se ti accorgi di controllare sempre le notifiche, metti da parte il cellulare finché non finisci quello che dovresti fare.

Se sei troppo concentrato, suona una musica in sottofondo o tieni la porta aperta mentre lavori per ricordarti che ci sono altre cose oltre a ciò su cui ti stai concentrando attualmente. Imposta anche segnali come note e sveglia per interrompere la concentrazione che ti costringerà a controllare cosa succede intorno a te.

Allena il tuo cervello in modi che sosterranno il tuo stile emotivo.

Essendo consapevole del tuo stile emotivo, puoi creare un ambiente che lo supporti. Puoi anche supportare il tuo cervello attraverso attività che aiuteranno a modificare i circuiti che stanno alla base di ogni profilo emotivo.

Quando hai familiarità con il tuo stile emotivo, puoi accettare chi sei o apportare alcuni cambiamenti necessari nel tuo stile di vita e attività.

Hai il potere di cambiare la tua vita prendendo il controllo delle tue emozioni. Allena il tuo cervello in modi che supporteranno il tuo stile emotivo e cambieranno dove ti trovi in ogni dimensione dello stile emotivo.

Relazione tra assertività e autostima

L'autostima è il modo in cui valutiamo noi stessi; è il modo in cui percepiamo il nostro valore per il mondo e quanto pensiamo di essere preziosi per le altre persone.

L'autostima influisce sulla nostra fiducia negli altri, nelle nostre relazioni, nel nostro lavoro, in quasi ogni parte della nostra vita. Se hai una bassa autostima, le tue convinzioni su te stesso saranno spesso negative. È probabile che ti concentri sulle tue debolezze e sugli errori che hai commesso e potresti trovare difficile riconoscere le parti positive della tua personalità.

Il pensiero e il comportamento positivi possono contribuire a livelli più elevati di autostima.

Esercizio 1: cosa posso fare per aumentare la mia autostima?

Per aumentare la tua autostima, devi sfidare e cambiare le convinzioni negative che hai su te stesso. Potrebbe sembrare un compito difficile, ma ci sono molte tecniche diverse che puoi provare per aiutarti. Di seguito sono riportate alcune delle cose che potrebbero essere utili e alcune domande per iniziare:

Fai qualcosa che ti piace

Fare qualcosa che ti piace e in cui sei bravo, può aiutarti a costruire la tua fiducia e aumentare la tua autostima. Potrebbe trattarsi di qualsiasi cosa, dal lavoro retribuito, al volontariato, alla cura di qualcuno o qualcosa o un hobby.

Identifica tre cose che attualmente fai e che ti piacciono.

Ora pensa a tre cose che vorresti fare.

Costruisci relazioni positive

Cerca di entrare in contatto con persone che non ti deluderanno e con cui ti senti in grado di parlare dei tuoi sentimenti. Se trascorri del tempo con persone positive e solidali, è più probabile che tu abbia una migliore immagine di te e ti senti più sicuro.

Nomina tre persone positive nella tua vita.

Se hai una bassa autostima, potrebbero esserci persone vicine a te che incoraggiano le convinzioni e le opinioni negative che hai su te stesso. È importante identificare queste persone e agire per impedire loro di farlo, magari diventando più assertivi o limitando il tempo che trascorri con loro.

Identifica chiunque possa essere negativo nella tua vita.

Elenca tre cose che puoi fare per ridurre l'effetto che hanno su di te.

Poniti una sfida

Se ti poni degli obiettivi e ti sforzi di raggiungerli, ti sentirai soddisfatto e orgoglioso di te stesso quando raggiungerai il tuo successo e di conseguenza ti sentirai più positivo con te stesso.

Tuttavia, è importante assicurarsi che la sfida che ti sei posto sia quella che puoi realisticamente raggiungere. Non deve essere qualcosa di particolarmente grande, ma dovrebbe avere un significato per te. Ad esempio, potresti decidere di iniziare a frequentare un corso di ginnastica regolare o smettere di fumare.

Pensa a tre sfide:

1. Nella prossima settimana

2. Nel prossimo mese

3. Nei prossimi 3 mesi

È anche importante sentirsi positivi e sani. Quanto segue ti aiuterà a raggiungere questo obiettivo:

Prenditi cura della tua salute fisica

Prenditi cura della tua salute fisica può aiutarti a sentirti più felice e più sano e a migliorare la tua immagine di te stesso.

Attività fisica

Ti aiuta a migliorare il senso di benessere e l'immagine di se stessi delle persone. L'esercizio rilascia endorfine, ormoni che aiutano a migliorare il tuo umore, soprattutto se lo fai all'aperto.

Sonno

La mancanza di sonno può esagerare i sentimenti negativi e significa che puoi sentirti meno sicuro, quindi è importante assicurarsi di dormire a sufficienza.

Dieta

Mangiare in modo bilanciato durante i pasti regolari con molta acqua e verdure ti aiuterà a sentirti più sano e più felice. Interrompere o ridurre l'assunzione di alcol ed evitare il tabacco e le droghe ricreative può anche aiutare a migliorare il tuo benessere generale.

Impara a identificare e sfidare le convinzioni negative

Se hai intenzione di migliorare la tua autostima, aiuterà a capire di più sulle tue convinzioni negative su te stesso e da dove provengono.

Se hai una bassa autostima, può richiedere pratica per abituarti a pensare in modo più positivo a te stesso.

Esercizio 2 - Come mi vedo

Un modo per farlo è fare un elenco delle cose che ti piacciono di te stesso.
Potresti includere argomenti riguardanti:

- la tua personalità

- il modo in cui appari

- cosa fai

- le tue capacità

Conserva questo elenco e guarda ogni giorno una parte diversa di esso. Se ti senti ansioso o preoccupato per un evento, come un colloquio di lavoro, puoi usarlo per ricordare a te stesso le cose belle di te stesso.

Se hai difficoltà a trovare un elenco di cose buone, potresti chiedere al tuo partner o a un amico fidato di aiutarti a iniziare. Questo può anche aiutarti a vedere come gli altri potrebbero avere un'opinione più alta di te.

Un'altra tecnica è scrivere almeno tre cose che sono andate bene o che hai raggiunto quel giorno prima di andare a dormire. Alcune persone trovano utile anche tenere oggetti che li facciano sentire bene con se stessi, ad esempio biglietti e lettere che possono conservare in una "scatola del benessere".

Prova le tecniche di consapevolezza

La consapevolezza è un modo per prestare attenzione al momento presente, utilizzando tecniche come la meditazione, la respirazione e lo yoga. È stato dimostrato che aiuta le persone a diventare più consapevoli dei propri pensieri e sentimenti, così che invece di esserne sopraffatti, è più facile gestirli.

Autostima e assertività

Le persone con una bassa autostima spesso lottano per essere assertive; questo può essere dovuto al fatto che non sentono di meritare di essere ascoltati. Tuttavia, imparare ad essere assertivo ed essere in grado di condividere le tue opinioni con gli altri può aiutarti a migliorare la tua autostima. Una volta che puoi vedere altre

persone apprezzare le tue opinioni, puoi vederlo
da solo.

Impara a essere assertivo

Essere assertivi significa essere in grado di
difendere i diritti propri o altrui in modo calmo
e positivo, senza essere né aggressivi né passivi.

Gli individui assertivi sono in grado di esprimere
il loro punto di vista senza turbare gli altri o
arrabbiarsi loro stessi. Qualcuno che è assertivo
afferma chiaramente le proprie esigenze e
opinioni, in modo che le persone se ne
accorgano. Essere assertivi è un'abilità che può
essere sviluppata. Richiede pazienza e pratica e
può provocare una comunicazione positiva, un
migliore processo decisionale e meno sentimenti
negativi che contribuiscono alla rabbia, alla
preoccupazione e all'ansia.

Per essere assertivo devi parlare per te stesso in
un modo che non manchi di rispetto all'altra
persona. Può comportare il dire no, il che può
essere difficile, soprattutto se è un familiare o un
amico che ci sta chiedendo di fare qualcosa.

Ecco un elenco di cose che potrebbero aiutare:

- Chiedi alla persona se puoi parlare con lei
  da sola, non includere altre persone

- Ricorda che vuoi mantenere la relazione e che la maggior parte delle persone non intende ferire deliberatamente i tuoi sentimenti

- Ricorda che se qualcosa ti turba, hai il diritto di parlarne

- Presta attenzione al linguaggio del corpo e alle parole che dici: cerca di essere aperto e sicuro di te.

- Mantieni la voce calma e bassa, guarda l'altra persona negli occhi, alzati in piedi in modo da sembrare sicura (anche se non la senti).

- Cerca di esprimere i tuoi sentimenti se sei stato turbato - aspetta di sentirti calmo e spiega chiaramente come ti senti.

- Attieniti al punto.

- Concedi all'altra persona il beneficio del dubbio. Potrebbero anche non rendersi conto di averti turbato o fatto qualcosa di sbagliato, quindi quello che dici potrebbe sorprendere

- Dai alle persone la possibilità di rispondere: a volte le persone hanno bisogno di una possibilità di riflettere sulle cose prima di poter capire il tuo punto.

- Spiega alle persone se hai bisogno di più tempo o supporto per compiti che ritieni impegnativi.

- Dì "no" a richieste irragionevoli.

Riflessione

Guarda l'elenco qui sotto. Congratulati con te stesso per tutte le cose che hai fatto nell'ultima settimana. Per quelli che non hai ancora provato, pensa a come possono aiutarti e come puoi includerli nella tua vita quotidiana.

- Fai attività che ti piacciono.

- Trascorri del tempo con persone positive e solidali.

- Poniti una sfida realizzabile.

- Sii disponibile e attento agli altri.

- Cerca di non confrontarti con altre persone.

- Cerca di fare esercizio fisico regolare, mangiare sano e dormire a sufficienza.

- Sii assertivo: non lasciare che le persone ti trattino con mancanza di rispetto.

- Usa libri e siti web di auto-aiuto per sviluppare abilità utili.

- Impara a sfidare le tue convinzioni negative.

- Riconosci le tue qualità positive e le cose in cui sei bravo.

- Prendi l'abitudine di pensare e dire cose positive su te stesso.

L'auto-elogio è una parte importante per migliorare la tua autostima, anche se all'inizio può sembrare scomodo, diventa più facile e aiuta davvero a costruire un futuro migliore e più positivo. Non dimenticare di lodare te stesso ogni volta che ottieni uno di questi obiettivi.

Come gestire i conflitti e aumentare la capacità di ascolto

Il conflitto è normale. Tutti noi abbiamo avuto a volte interazioni con altre persone che non sono andate come avremmo voluto.

Ad un certo livello potremmo semplicemente sentirci incompresi ed essere in grado di "scrollarci di dosso" senza troppe difficoltà. Tuttavia, a volte possiamo sentirci attaccati personalmente e la nostra prima reazione potrebbe essere quella di " *scatenarci* " con rabbia o paura. In queste circostanze successive, i forti sentimenti che proviamo possono rendere difficile ascoltare veramente ciò che qualcuno sta cercando di dirci. In situazioni estreme, tale confronto può sembrare minaccioso per il nostro benessere e funzionamento generale.

Spesso possiamo impedire che i conflitti minori diventino gravi cambiando il modo in cui comunichiamo. Il conflitto può essere un'opportunità, non solo una minaccia.

È possibile guardare le nostre interazioni personali in un modo diverso in modo da poter trasformare il conflitto in un'opportunità per ottenere una comunicazione più chiara e realizzare il cambiamento. Ci sono due ragioni comuni per cui le persone entrano in conflitto:

- Non comunicano chiaramente o ascoltano con attenzione.

- Hanno esigenze o interessi diversi che, senza una negoziazione, non coesistono facilmente.

Di seguito sono riportate alcune linee guida che possono aiutarti ad affrontare situazioni che causano problemi.

Linee guida per una buona comunicazione

Nella foga del momento è facile dimenticare alcune comuni "regole pratiche" che aiutano a comunicare con successo. Una buona comunicazione è un processo suddiviso in 3 fasi:

1. **Invia messaggi chiari:** la comunicazione verbale e il linguaggio del corpo contano entrambi. Pensa a quello che vuoi dire e a come può essere compreso.

2. **Ricevi:** ciò che viene ascoltato è in parte un fatto e in parte una sensazione, quindi sii chiaro su entrambi i livelli. Quando

ascolti, presta attenzione sia ai fatti che ai sentimenti.

3. **Riconoscere:** puoi essere certo di aver comunicato ciò che intendevi solo quando il tuo ascoltatore ti dà un feedback che conferma la sua comprensione. In qualità di ascoltatore, riassumi ciò che hai sentito e fai domande per chiedere chiarimenti.

Rispetta i bisogni dell'altra persona così come i tuoi. Hai preoccupazioni valide che devono essere risolte, ma anche la persona con cui sei in conflitto (anche se non sono immediatamente evidenti).

Affronta il problema direttamente e rispettosamente con l'altra persona. È molto meglio lavorare direttamente con l'altra persona nel conflitto: passare attraverso gli altri rende molto più probabile un'escalation del conflitto o ulteriori incomprensioni. Evita di coinvolgere i colleghi nel "prendere posizione" e, per quanto possibile, tieni il conflitto fuori dagli occhi del pubblico. Sebbene possa essere utile controllare le percezioni degli altri della situazione o cercare le opinioni degli altri sulle tue azioni o desideri, se stai semplicemente cercando una conferma è probabile che porti a una posizione più radicata.

Separa il problema dalla persona. Sottolineare la distinzione tra il problema e la persona e confermare che desideri trattare l'altra persona con rispetto può aiutarla a fare lo stesso. È più probabile che i tuoi problemi vengano risolti se eviti di fare attacchi personali che mettono in imbarazzo o mettono in ridicolo l'altra persona.

Parla senza interromperti. Potresti creare ulteriori incomprensioni se non dai all'altra persona l'opportunità di finire quello che ha da dire. È inoltre necessario assicurarsi che vi sia un accordo su tutto ciò che è stato detto finora, prima di passare al punto successivo in questione.

Negozia in buona fede: gli affari sporchi non durano! Cerca accordi reciprocamente soddisfacenti: le offerte unilaterali tendono a non funzionare. Sebbene sia comune pensare che ci debbano essere un vincitore e un perdente in un conflitto, questo non è necessariamente vero. La partecipazione a trattative in cui l'obiettivo è un 50/50 (vale a dire le due parti raggiungono la soddisfazione delle loro esigenze e interessi) è possibile e utile.

" *Interessi*" e "*Posizioni* ". Spesso nei nostri negoziati con altri, pensiamo che prendere una " *posizione difficile* " o esagerare i nostri " *profitti*

" ci porterà a un risultato migliore. In realtà, tale contrattazione sulla posizione spesso si ritorce contro perché è probabile che l'altra persona si arrabbi, si senta trattata ingiustamente o decida semplicemente di tenere i talloni nella sua posizione.

Un approccio migliore è pensare agli interessi alla base della nostra posizione iniziale su una questione. Un interesse sottostante è solitamente correlato a un principio in nostro possesso, un valore morale, una speranza o un'aspettativa o qualche esigenza meno tangibile. Se la posizione è l'argomento del conflitto, l'interesse è il motivo per cui vogliamo una certa risposta.

Quattro passaggi per risolvere i conflitti

Questi passaggi suggeriti incorporano le linee guida precedenti e possono aiutare a risolvere i conflitti:

1. Se sei in pubblico e ti trovi in conflitto, fermati e chiedi di incontrare l'altra persona in un ambiente neutrale, privato e sicuro in un momento reciprocamente conveniente in modo da poter parlare in modo confidenziale senza creare una scena e senza essere interrotto.

2. Guardatevi e ascoltatevi a vicenda, così ogni persona si sente ascoltata e compresa e le sue opinioni vengono riconosciute. In questo modo inizi ad annullare il danno alla tua relazione che il conflitto ha causato. Vale la pena dedicare del tempo ad ascoltare il punto di vista dell'altra persona: è probabile che ti farà risparmiare tempo a lungo termine. Fare a turno per elencare i problemi che si desidera risolvere (Posizioni) come questioni pratiche da affrontare; ed elenca i tuoi interessi come principi su cui speri che qualsiasi accordo possa essere basato o bisogni che vorresti soddisfare. Andate avanti e indietro ascoltandovi a vicenda fino a quando ogni persona ha espresso pienamente il proprio punto di vista ed entrambi concordate di essere stati ascoltati e compresi.

3. Offri opzioni con una mente aperta, usando la tua creatività per riflettere su possibili modi per soddisfare le preoccupazioni, i bisogni e gli interessi espressi di entrambe le persone. Ricorda la differenza tra posizioni e interessi e sforzati di soddisfare gli interessi di entrambe le parti. Combina e perfeziona le opzioni raccolte insieme, ricordando che

potrebbe benissimo essere possibile elaborare insieme una soluzione vantaggiosa per tutti a cui nessuno di voi avrebbe potuto pensare da solo.

4. Concludere le trattative con accordi in buona fede che siano specifici e soddisfino tutti. Ciò riduce al minimo il rischio di conflitti futuri. Mantieni le tue discussioni riservate a meno che tu non accetti congiuntamente di dirlo ad altri che potrebbero aver bisogno di sapere cosa comporta la tua risoluzione.

5. Se non raggiungi un accordo, non aver paura di riprovare un'altra volta. A volte può essere meglio cercare di risolvere un conflitto poco a poco, dando a tutti gli interessati il tempo per pensare e riposare.

6. Sii assertivo ma non aggressivo. Le situazioni imbarazzanti sono una parte inevitabile di tutte le nostre vite. L'assertività è un'alternativa al comportamento passivo, manipolativo o aggressivo. È fortemente associato a un senso di autostima. È un tipo di comunicazione che esprime bisogni, sentimenti e preferenze in un modo che rispetta sia noi stessi che l'altra persona. Si

tratta di affermare chiaramente cosa vorresti che accadesse, ma non di pretendere che lo faccia.

Che tipo di comunicatore sei?

Comunicazione aggressiva - " The Bulldozer "

Se ti senti diffidente nei confronti dell'assertività, potresti confonderlo con l'aggressività. L'aggressività è una reazione difensiva in cui cerchiamo di superare i sentimenti d'insicurezza gonfiandoci ed esprimendo i nostri sentimenti, bisogni e idee a spese degli altri. Il vantaggio è un temporaneo senso di potere o controllo, ma lo svantaggio è che il comportamento aggressivo ci allontana dalle altre persone e possiamo finire per sentirci isolati e amareggiati.

Comunicazione passiva - " The Wet Rag "

Il rovescio della medaglia dell'aggressività è la comunicazione passiva. Come la comunicazione aggressiva, deriva da sentimenti simili d'insicurezza e bassa autostima, ma quando ci comportiamo in modo passivo mettiamo giù noi stessi, piuttosto che gli altri. Evitiamo di esprimere i nostri sentimenti e bisogni, ignoriamo i nostri diritti e permettiamo ad altri di violare i nostri diritti, magari scegliendo per noi. Il comportamento passivo non è chiaro e indiretto, può comportare bugie o scuse. Il vantaggio è che evitiamo i conflitti, ma a caro prezzo, perché di solito non otteniamo ciò che vogliamo e possiamo finire per sentirci anche peggio di noi stessi.

Comunicazione manipolativa - " Guilt Tripping "

Spesso passività e aggressività si combinano e ci troviamo a comportarci in modo passivo aggressivo o manipolativo. È molto probabile che ciò accada quando abbiamo fortemente bisogno o vogliamo qualcosa, ma ci sentiamo particolarmente impotenti all'idea di ottenerlo. Possiamo quindi comportarci in modi indirettamente aggressivi, controllanti o poco chiari, che negano i nostri sentimenti e quelli degli altri. Potremmo usare i nostri sentimenti di vittimismo o martirio per far sentire in colpa l'altra persona. Il vantaggio è che evitiamo il rifiuto e il dolore e può sembrare che ci prendiamo cura dell'altra persona. Il rovescio della medaglia è che ci sentiamo emotivamente bassi e segretamente risentiti da altri che vedono attraverso la facciata di cure false.

Comunicazione assertiva - " The Rock "

Lotta (Aggressione) e Fuga (Passività) sono risposte istintive quando s'incontra un problema. L'assertività è una risposta alternativa più adatta alla risoluzione del tipo di problemi di relazione in cui ci troviamo, nella vita di comunità moderna. Implica l'uso di abilità cerebrali e verbali più sofisticate come l'ascolto, l'empatia, la discussione e la negoziazione. Il comportamento assertivo è onesto, diretto, chiaro, espressivo, esaltante, persistente e rispettoso. Il vantaggio è che otteniamo ciò che vogliamo almeno una volta e quando non lo facciamo ci sentiamo ancora bene con noi stessi perché ci siamo espressi in modo chiaro e onesto. L'assertività crea fiducia, autostima e rispetto di sé. Ma ovviamente possiamo incontrare conflitti o scontri, quindi è necessario sviluppare nuovi modi per affrontarli.

Un passo utile da considerare è: dove ti trovi in relazione a questi quattro tipi di comunicazione e come è arrivato? Delle quattro tipologie di comunicazione elencate, qual è la tua più caratteristica? Sei contento di questo? In caso contrario, quali modifiche vorresti apportare?

Ricorda che il comportamento non assertivo:

- è qualcosa che hai imparato a fare

- potrebbe aver utilmente impedito di essere ferito

- potrebbe averti aiutato a sopravvivere in un momento difficile

- potrebbe essere stato incoraggiato nella tua famiglia di origine

- è qualcosa che puoi cambiare

Linee guida per un comportamento assertivo

Se desideri essere più assertivo, ecco alcuni suggerimenti pratici per aiutarti ad apportare modifiche.

Esprimi i sentimenti

- Prendi possesso dei tuoi sentimenti: sono tuoi e tu ne hai diritto

- Esercitati in "affermazioni in prima persona" come "Mi sento preoccupato", "Mi sento felice"

- Esprimi i tuoi sentimenti in modo positivo

- Rifletti sui sentimenti dell'altro se ti sembra appropriato: "sembra che tu ti senta deluso per questo"

Coltiva l'ascolto di due tracce

- Concentrati sui sentimenti: i tuoi e quelli dell'altra persona

- Rimani con entrambe le tracce: i sentimenti dell'altro e i tuoi, ma cerca di distinguere di chi sono i sentimenti

- Entra in empatia con l'altra persona, ma non a scapito di perdere il contatto con i tuoi sentimenti

- Evita di accettare i sentimenti dell'altro senza rendertene conto: lasciati coinvolgere

- Considera questi ganci come inviti che puoi scegliere di rifiutare

Descrivi il comportamento

- Dirigiti al comportamento specifico, non all'intera persona

- Assegna luogo e tempo al comportamento che ti turba

- Evita etichette o frasi come "mi critichi sempre"

- Descrivi l'azione e non il motivo

- Usa termini concreti

Specificare la modifica desiderata

- Sii chiaro su ciò che vorresti

- Richiedi una piccola modifica

- Richiedi solo una o due piccole modifiche alla volta

- Sii specifico e concreto nelle tue richieste

- Chiediti se l'altra persona può soddisfare la tua richiesta senza grosse perdite

- Specifica quale comportamento cambierai per concludere l'accordo

- Rendi esplicite le conseguenze

Ci piace credere che quello che abbiamo da dire sia importante. Tuttavia, secondo la ricerca, gran parte di ciò che diciamo è meno importante di ciò che facciamo. Secondo questi studi, l'85% della nostra comunicazione viene ricevuta in modo non verbale, lasciando un misero 15% effettivamente ascoltato. E, dato che essere ascoltati è una delle nostre ragioni principali per essere in relazione, potremmo essere molto delusi se le nostre parole ripetute non riescono a colpire il segno.

Ma niente panico ci sono modi per aumentare le possibilità di essere ascoltato:

- La comunicazione assertiva può essere appresa facilmente ed è altamente efficace.

- Anche le capacità di ascolto (sebbene possano sembrare forme di comunicazione non verbale) sono facili da migliorare.

Modificare le tue abilità non verbali potrebbe richiedere un piccolo sforzo in più!

La comunicazione è l'arte e l'abilità di ricevere un messaggio che è stato inviato da un altro e di rispondere efficacemente a quel messaggio.

Spesso, quando comunichiamo, veniamo fraintesi, non perché non abbiamo parlato chiaramente, ma perché non abbiamo realmente sentito quello che è stato detto.

Sappiamo anche che il modo in cui ascolti può influire sulla tua comprensione degli altri. Abbiamo tutti modalità sensoriali diverse che utilizziamo per ascoltare e interpretare ciò che ci è stato comunicato. Esistono numerose modalità che utilizziamo per comprenderci e comunicare tra loro. Questi includono:

- Verbale

- Visivo

- Uditivo

- Olfattivo

- Gusto

- Cinestetico

- Sensato

Determinare come ascolti e interpreti i messaggi degli altri ti consentirà di comprendere meglio i problemi di comunicazione quando si verificano. Inoltre, se tu e il tuo partner non condividete la stessa modalità sensoriale primaria, o più semplice, se ascoltate i messaggi in modo diverso, allora potreste voler investire un po' di tempo nell'imparare a parlare la lingua dell'altro!

Una volta che abbiamo capito come ascoltiamo, dobbiamo imparare ad applicare capacità di ascolto efficaci.

Seguendo questi passaggi per ascoltare in modo ottimale:

- Usa buone abitudini di ascolto di base.

- Presta attenzione (sia ai messaggi parlati che a quelli non detti).

- Ascolta l'intero messaggio (comprimilo!).

- Ascolta il messaggio prima di valutarlo o giudicarlo (respira profondamente e consenti al tuo partner di condividere l'intero messaggio).

- Parafrasa ciò che hai sentito per verificare il messaggio (rispondi a ciò che hai sentito con parole tue).

- Evita cattive abitudini di ascolto.

- "Attenzione selettiva": ascoltare quando ti fa comodo non migliorerà il senso di sentirsi "ascoltato" del tuo partner.

- "Pseudolistensione": ascoltare quando ti occupi di altre attività aumenta la probabilità che ti mancheranno dati importanti e che fornirai al tuo partner solo una parte della tua attenzione.

- Ascoltare senza sentire: quando sei impegnato nel determinare cosa dirai dopo, o provando la tua risposta o argomentazione sulla posizione del tuo partner, non otterrai una chiara comprensione di ciò che è stato detto (e verrà mostrato!).

- Interruzione: le nostre nonne e gli insegnanti di prima elementare non avrebbero potuto sbagliarsi sull'impatto di questa cattiva abitudine!

- Rivelare troppo e troppo presto: questa cattiva abitudine può sopraffare chi parla e può anche riflettere il tuo bisogno di rispondere prima che l'intera storia sia stata raccontata.

Definisci il problema

- Perché il problema viene risolto?

- Questo problema è stato risolto?

- In tal caso, il problema è stato risolto prima?

All'inizio usa abilità di ascolto passivo:

- Lascia che sia il tuo partner a parlare

- Sii consapevole di come comunica il tuo partner oltre a ciò che viene detto

- Tieni le tue opinioni per te per ora!

- Entra in empatia con il tuo partner

- Usa capacità di ascolto attivo dopo che il problema è stato esaminato

Le tue domande possono aiutare a evitare o perfino risolvere possibili malintesi; affinché le tue domande siano ben ricevute, utilizza le seguenti tecniche:

- Parafrasando

- Metti con parole tue ciò che credi di aver sentito

- Una precisazione

- Poni domande per identificare e migliorare la tua comprensione di ciò che è stato detto

- Personalizzazione

- Offri esempi personali di come puoi relazionarti per aiutare il tuo partner a sentirsi meno isolato e per sperimentare la tua comprensione del problema. Ma ricorda, questo serve per aiutare il tuo partner a sentirsi ascoltato e compreso. Non è un'opportunità per te di spostare l'attenzione su te stesso!

Alcuni suggerimenti utili aggiuntivi per ottenere una comunicazione chiara includono:

- Esplora il problema

- Porre domande aperte (evitare quelle domande a cui è possibile rispondere con "sì" o "no")

- Evita le domande "guida" (questi sono solo sforzi da parte tua per trasmettere le tue opinioni!)

- Assicurati che la tua comunicazione non verbale corrisponda al tuo messaggio vocale

- Insieme, identificate le soluzioni per il problema

- Dopo aver raggiunto la risoluzione, rivedi il processo che hai seguito

Per definizione, comunicazione assertiva:

- È un'espressione aperta, onesta, diretta e appropriata dei propri pensieri, desideri, sentimenti e opinioni.

- Non viola i propri diritti o quelli di un altro per essere trattati con rispetto.

- Non provoca ansia o senso di colpa indebiti.

Molte persone si confondono tra comunicazione aggressiva e comunicazione assertiva. Per chiarire:

- Il comportamento non aggressivo ignora ciò che vuoi / sei

- Il comportamento aggressivo ignora ciò che il tuo partner vuole / è

- Il comportamento assertivo considera ciò che ciascuna parte vuole / è

Come accennato in precedenza, gran parte di ciò che viene comunicato è espresso in modo non verbale. Quindi, se vuoi essere preso sul serio, devi assumere una posizione assertiva! Assicurati che la tua postura corrisponda al tuo messaggio. La postura assertiva richiede che:

- Stai in piedi, spalle indietro, testa in alto

- Stabilisci un contatto visivo costante

- Mantieni la tua voce stabile nel tono e nel volume

- Assicurati che i tuoi gesti corrispondano al tuo messaggio

- Mantieni il tuo corpo "aperto" anziché "chiuso"

- Tieni le mani e i piedi calmi

Potresti anche provare a pensare in modo assertivo!

- Concentrati sulle espressioni positive del tuo messaggio

- Non negare te stesso o le tue esigenze.

Per sposare davvero l'assertività che ti consentirà di ottenere tutto ciò che desideri, ti sarà anche utile assumere una posizione emotiva assertiva:

- Regola la tua co-dipendenza

- La co-dipendenza si riferisce allo stato di autostima che fa affidamento su pensieri, sentimenti, opinioni o azioni di un altro essere umano

Abbiamo tutti i seguenti diritti:

- Ho il diritto di cambiare idea.

- Ho il diritto di dire "no!"

- Ho il diritto di chiedere favori.

- Ho il diritto di chiedere supporto emotivo.

- Ho il diritto di dedicare del tempo a fare quello che voglio fare.

- Ho il diritto di non essere d'accordo con gli altri.

- Ho il diritto di essere trattato con rispetto.

- Ho il diritto di prendere le mie decisioni.

- Ho il diritto di rifiutare consigli o suggerimenti di altri.

- Ho il diritto di dire "sì!" alle cose che voglio fare.

- Ho il diritto di prendermi una vacanza o un giorno libero.

- Ho il diritto di anteporre i miei bisogni e i miei desideri a quelli degli altri.

- Ho il diritto di esprimere i miei sentimenti.

- Ho il diritto di complimentarmi con me stesso.

- Ho il diritto di accettare o rifiutare le critiche degli altri nei miei confronti.

- Ho il diritto di accettare i complimenti degli altri su di me.

- Ho il diritto di essere vicino agli altri.

- Ho il diritto di essere fisicamente ed emotivamente sano.

- Ho il diritto di essere soddisfatto/a sessualmente.

- Ho il diritto di desiderare grandi cose.

Con la tua assertiva posizione emotiva e fisica, la comunicazione assertiva richiede una sana espressione verbale. Alcune delle abilità che possono aumentare le tue possibilità di essere ascoltato e rispettato includono quanto segue:

- Non scusarti

- Usa un linguaggio diretto, semplice e chiaro che sia al livello del tuo pubblico o "target"

- Stile

- Affronta il tuo compito con l'atteggiamento che "puoi" piuttosto che "non puoi"

- Protocollo:

In caso di dubbio, utilizza il modello di comunicazione assertiva:

- Descrivere

- Quando tu...

- Esprimere

- Io sento...

- Specificare

- Voglio ... vorrei ... apprezzerei ...

- Conseguenze

- Se lo fai ... (indica la ricompensa)

- Se non lo fai (indica l'azione che eseguirai)

Comunicazione Assertiva e il rispetto

Non importa quanto sia giustificato difendersi ed esprimere la propria opinione in modo chiaro ma il rispettoso può essere sorprendentemente difficile anche in una buona giornata.

Ci preoccupiamo che se chiediamo ciò di cui abbiamo bisogno ci mostriamo come egoisti o arroganti.

Quindi continuiamo a mettere da parte i nostri sentimenti e bisogni, e arrangiamo il meglio che possiamo.

"VIVERE IN MODO ASSERTIVO, CHE SIGNIFICA VIVERE AUTENTICAMENTE, È UN ATTO DI GRANDE CORAGGIO. ECCO PERCHÉ COSÌ TANTE PERSONE TRASCORRONO LA PARTE MIGLIORE DELLA LORO VITA NASCONDENDO I LORO VERI SENTIMENTI AGLI ALTRI E A SE STESSI"

~ NATHANIAL BRANDEN

La natura di una sana assertività

L'assertività significa essere in grado di esprimere i tuoi pensieri, sentimenti e idee in un modo onesto che sia autentico per te e allo stesso tempo rispettoso dei diritti e dei sentimenti degli altri.

Una sana comunicazione assertiva può aiutarti a:

* Acquisire fiducia in te stesso e autostima.

* Guadagnare rispetto dagli altri.

* Stabilire confini sani.

* Creare situazioni vantaggiose per tutti.

* Migliorare le tue capacità decisionali.

* Creare relazioni oneste.

* Ottenere più soddisfazione sul lavoro.

Alcune persone hanno la fortuna di essere cresciute in famiglie che hanno modellato una sana assertività, ma la maggior parte di noi impara a parlare per noi stessi (o no) nel corso degli anni nel modo più duro, con semplici tentativi ed errori.

Naturalmente, non è solo quello che dici, ma anche come lo dici che conta.

La persona che risponde passivamente è disposta a mettere da parte le proprie priorità per soddisfare la richiesta, essenzialmente dicendo che i suoi bisogni e sentimenti non sono importanti.

La risposta aggressiva è scortese e chiarisce che non si preoccupano dei sentimenti e sicuramente metterà l'altra persona sulla difensiva.

Naturalmente, ci saranno naturalmente variazioni di questi modelli.

Ad esempio, qualcuno che soffre di bassa autostima può sviluppare un approccio passivo-aggressivo in cui sembra essere gradevole, ma poi esprime il proprio risentimento cercando modi sottili per indebolirti.

Come essere efficacemente assertivi

Ecco alcuni passaggi per aiutarti a sviluppare le tue capacità di comunicazione assertiva:

- **Sii chiaro e diretto**

Il modo in cui comunichi il tuo messaggio è davvero importante. Prenditi il tempo per chiarire nella tua mente il punto che vuoi fare e poi mantieni il messaggio semplice e diretto.

Questo ti aiuterà a rimanere calmo, e più sei calmo più apparirai sicuro di te (anche se il tuo stomaco sta ribollendo).

Quindi, la prossima volta che pianifichi di incontrare il tuo amico sempre in ritardo potresti dire qualcosa di semplice come,

"Non vedo l'ora che arrivi questa sera. Aspetterò 10 minuti per te dove abbiamo concordato e se non ci sei allora andrò avanti senza di te e forse potrai raggiungermi più tardi. "

Nessuna spiegazione o scusa; fai semplicemente la dichiarazione in modo calmo ma deciso.

Naturalmente, l'unico modo per farlo funzionare è che te ne vada effettivamente dopo 10 minuti!

- **Tieni sotto controllo le emozioni**

La maggior parte delle persone farà quasi qualsiasi cosa per evitare il rischio di uno scontro, che è uno dei motivi principali per cui così spesso non riusciamo a difendere i nostri diritti.

Forse non è nemmeno il conflitto in sé quanto la paura di metterti in imbarazzo diventando emotivo o piangendo.

Sebbene questa sia una risposta perfettamente umana, può impedirti di comunicare chiaramente i tuoi pensieri e sentimenti in un modo che migliorerà la situazione.

Se inizi a irrigidirti o a sentirti emotivo, fai tutto il possibile per concederti un po' di spazio e un po' di tempo per calmare i nervi e mettere in pratica ciò che vuoi dire in modo calmo e sicuro.

- **Usa un linguaggio del corpo assertivo**

La comunicazione non è solo quello che dici; tutto il tuo corpo comunica i tuoi sentimenti e il tuo stato d'animo.

Quando ti trovi a poter dire "no" ma sei ansioso, guardando in basso, non guardi negli occhi e ti agiti, allora il tuo linguaggio del corpo sta dicendo forte e chiaro che vuoi essere altrove, ma sei lì e questo significa che potresti essere sotto pressione a cambiare idea.

Il linguaggio del corpo assertivo mantiene il contatto visivo, ma in un modo calmo che mostra che sei interessato.

Evita di interrompere, chiedi maggiori informazioni e lascia a te stesso il tempo di pensare piuttosto che essere immediatamente d'accordo o in disaccordo.

- **Verificare la comprensione**

Solo perché qualcuno ti guarda, magari annuendo mentre parli, non significa che stia davvero ascoltando o comprendendo (per non parlare di essere d'accordo!) quello che stai dicendo.

In effetti, ci sono buone probabilità che l'altra persona sia più concentrata su ciò che dirà in risposta che prestare attenzione a te.

Quindi fai domande, controlla la comprensione e ascolta veramente quando l'altra persona risponde.

- **Inizia in piccolo**

Inizia mettendo in pratica le tue nuove abilità in situazioni a basso rischio. Ad esempio, prova la tua assertività su un partner o un amico prima di affrontare una situazione difficile al lavoro o con la famiglia.

Valuta te stesso in seguito e modifica il tuo approccio se necessario.

Siamo onesti, non c'è nulla di nuovo nel concetto di assertività e i benefici per la tua salute fisica ed emotiva sono ben documentati.

Eppure, la maggior parte delle persone continuerà a scegliere la via della minore resistenza piuttosto che difendere i propri diritti.

Tieni presente che l'assertività non riguarda solo affrontare i conflitti o il comportamento sconsiderato degli altri. È un'abilità di comunicazione fondamentale che promuove relazioni sane basate sul rispetto reciproco, a cominciare da TE.

Lo stesso processo di sviluppo di uno stile di comunicazione assertivo ti costringe a diventare chiaro nella tua mente (*forse per la prima volta!*). Sui tuoi valori, desideri e bisogni al fine di esprimere efficacemente i tuoi sentimenti e diritti con sicurezza, senza ansia o sensi di colpa.

Che tipo di difficoltà hai riscontrato tentando di comunicare in modo assertivo? Cosa ha funzionato o meno per te quando si tratta di difendere i tuoi diritti?

Conclusione

Ti sei mai sentito come se sapessi esattamente cosa vuoi ottenere e come farlo, ma non riesci a spiegare i tuoi piani agli altri?

O ti senti come se potessi parlare con il discorso vincente ma, nel tuo intimo, non sei affatto sicuro di cosa dovresti fare con te stesso?

Non sei solo. È una disconnessione comune tra il modo in cui ci sentiamo e il modo in cui comunichiamo e che può trattenerci, sia al lavoro che a casa. Perché, per avere qualsiasi tipo di percentuale di successo sociale, l'assertività e la comunicazione di assertività devono avvenire simultaneamente.

Allora, perché preoccuparsi di cercare di comunicare in modo più assertivo? Quali vantaggi nella vita reale può effettivamente avere? Ebbene, la risposta generale è che, senza una comunicazione assertiva, non possiamo fare molto.

E qui ci sono altri vantaggi:

1. Aumenterà le prospettive di carriera

È risaputo che i datori di lavoro favoriscono coloro che agiscono in modo assertivo sul posto di lavoro. Ma quello che potresti non sapere è che ci sono tutti i tipi di sottigliezze che differenziano l'assertività dall'aggressività, che sicuramente non è una caratteristica desiderabile.

C'è anche un comportamento passivo, che può farci apparire deboli e indecisi agli occhi dei nostri coetanei. Quindi sta a come comunichiamo, a esprimere il nostro comportamento e a distinguerci in un ambiente di lavoro competitivo.

La comunicazione assertiva raggiunge il perfetto equilibrio tra determinazione ed empatia verso gli altri, il che significa che siamo visti come simpatici ma fiduciosi. Un candidato perfetto per la progressione all'interno di un'azienda.

2. Le persone graviteranno verso di te

Sì davvero. La comunicazione assertiva ha il potere di renderci più simpatici. Ha a che fare con l'empatia che abbiamo appena evidenziato. Dove i tipi aggressivi riguardano solo "me" e i tipi passivi riguardano "te"; le persone assertive sono concentrate al 100% su "noi".

E questo è estremamente accattivante per gli altri.

Questo vale sia per le connessioni basate sul lavoro che per quelle personali.

3. Porterà a relazioni più forti

La simpatia, naturalmente, ha il potere di aiutarci a formare relazioni di ogni tipo. Inoltre, comunicare in modo assertivo può effettivamente aiutarci a sviluppare e cementare le nostre relazioni; trasformare semplici conoscenze in legami reciprocamente rispettosi. La comunicazione assertiva ha l'ascolto attivo.

E quando impariamo davvero ad ascoltare chi ci circonda, siamo in grado di entrare in empatia con il loro punto di vista migliore, superare gli ostacoli in un modo che rispetta l'agenda di tutti e imparare dai nostri errori passati. Questo rende i legami più duraturi.

4. La tua autostima crescerà

Parte integrante della costruzione di relazioni migliori e di maggiori opportunità di lavoro è che iniziamo a sviluppare più fiducia in noi stessi.

Questo ha quindi un effetto a catena nel rafforzare il nostro comportamento assertivo, più o meno allo stesso modo in cui il comportamento passivo genera una mancanza di fiducia in se stessi che, a sua volta, porta a un ciclo di ulteriore comportamento passivo. Quando pensiamo e diciamo tutte le cose giuste, in qualsiasi situazione sociale, raccogliamo i frutti del fatto che gli altri reagiscono positivamente a noi.

5. Ridurrà i livelli di stress

Uno degli effetti collaterali meno pensati della comunicazione assertiva è una riduzione della quantità di stress che proviamo.

E chi non vorrebbe di meno?

Se ci pensiamo, la radice di gran parte del nostro stress è la sensazione di essere sotto pressione. Questo è vero sia sul posto di lavoro che nella nostra vita domestica.

Comunicando in modo più assertivo, in entrambi gli scenari, definiamo chiari confini personali, generiamo rispetto reciproco e otteniamo maggiori risultati nelle cose a cui ci concentriamo. Questo ha un significativo effetto di scarico, dandoci un po' più di spazio per la testa e, in definitiva, influendo sul nostro umore e sulla capacità di far fronte agli stress quotidiani.

6. Sarai in grado di negoziare meglio

Parte dello sviluppo del rispetto reciproco e del rafforzamento dei legami con colleghi, amici e parenti, è che miglioriamo nel negoziare situazioni difficili con loro.

La comunicazione assertiva implica un ascolto attento ed empatia, il che significa che siamo in grado di affrontare meglio i problemi in modo da produrre risultati positivi per tutti gli interessati. Non stiamo pensando solo a noi stessi, ma a ciò che è meglio per tutti.

E questo significa che è più probabile che la nostra opinione venga presa sul serio nei futuri "negoziati".

7. Diventerai un influencer migliore

Questo si collega al punto sei. Far sentire apprezzati coloro che ci circondano significa che sono molto più propensi ad ascoltarci e persino a seguirci.

E il comportamento passivo spesso ci rende incapaci di formulare, per non parlare di comunicare, le nostre idee e limiti agli altri.

Quindi difficilmente diventeremo un grande leader stando zitti. Quando diventiamo comunicatori assertivi dimostriamo di avere il controllo ma, forse ancora più importante, che non cammineremo sugli altri per raggiungere i nostri obiettivi.

8. Diventerai meno di un pushover

Il modo migliore per contrastare la passività, il comportamento più comunemente associato all'essere un "pushover", è con l'assertività.

La comunicazione assertiva consiste, in gran parte, nello stabilire le aspettative degli altri su di noi, definendo confini chiari. Ma si tratta anche di imparare a essere in disaccordo con gli altri in modo produttivo, cosa che né la passività né l'aggressività possono davvero raggiungere.

9. Avrai più energia

Questo è un bel sottoprodotto di livelli di stress inferiori. È anche collegato a una migliore gestione del tempo, ottenuta attraverso lo sviluppo dei nostri comportamenti assertivi. È un po' un gioco da ragazzi davvero.

Quando siamo in grado di fare di più e alleggerire il nostro carico, passiamo meno tempo a sventolare sui compiti che dobbiamo destreggiarsi, meno tempo a stare svegli la notte a preoccuparci e più tempo a concederci le cose che ci piacciono. Avere più concentrazione e chiarezza mentale ha un effetto incredibilmente positivo sulle proprietà che riducono l'energia di procrastinazione e irritazione.

Grazie mille

Grazie per aver dedicato del tempo alla lettura di questo libro. Continua a lavorare. Continuate ad usare la mente, la pratica e la tua esistenza per diventare la persona che desideri. Continua questo viaggio e vedrai che le cose buone arriveranno. Sarebbe fantastico se potessi lasciare una recensione su Amazon. È molto semplice, ti basta solo un minuto!